suhrkamp taschenbuch
wissenschaft 2392

In diesem nun erstmals in deutscher Übersetzung vorliegenden Klassiker der Philosophie des 20. Jahrhunderts offenbart Iris Murdoch die Unzulänglichkeiten der analytischen Moralphilosophie und fordert einen Richtungswechsel. Wir können Moral nicht verstehen, wenn wir uns rein auf naturwissenschaftliche und sprachphilosophische Methoden beschränken. In Auseinandersetzung mit Wittgenstein, Kant, Sartre, Weil oder Platon argumentiert Murdoch, dass die Moral nicht darin besteht, rationale Entscheidungen in einer wertneutralen Welt zu treffen. Stattdessen besteht sie in der Orientierung an der Idee des Guten, in der selbstlosen Zuwendung und der aufmerksamen Beobachtung der Wirklichkeit mit dem Ziel, ihr gerecht zu werden.

Iris Murdoch (1919-1999) war eine angloirische Philosophin und Schriftstellerin. Neben ihren philosophischen Hauptwerken *The Sovereignty of Good* und *Metaphysics as a Guide to Morals* schrieb sie 26 Romane. Für *The Sea, The Sea* erhielt sie 1978 den Booker Prize.

Eva-Maria Düringer ist wissenschaftliche Angestellte am Philosophischen Seminar der Universität Tübingen.

Iris Murdoch
Die Souveränität des Guten

Aus dem Englischen
und mit einem Nachwort von
Eva-Maria Düringer

Suhrkamp

Die Originalausgabe erschien erstmals 1970 unter dem Titel
The Sovereignty of Good bei Routledge & Kegan Paul in London.
Die Übersetzung folgt der Ausgabe von 2014 in der Reihe Routledge
Great Minds mit einem Vorwort von Mary Midgley.

3. Auflage 2026

Erste Auflage 2023
suhrkamp taschenbuch wissenschaft 2392
Deutsche Erstausgabe

Umschlag nach Entwürfen
von Willy Fleckhaus und Rolf Staudt
Druck und Bindung: C. H. Beck, Nördlingen
Printed in Germany
ISBN 978-3-518-29992-0

Suhrkamp Verlag GmbH
Torstraße 44, 10119 Berlin
info@suhrkamp.de
www.suhrkamp.de

Inhalt

Mary Midgley

Vorwort zur Routledge Great Minds Edition

Viele Jahre sind vergangen, seit mir zum ersten Mal klar wurde, wie sehr sich doch Iris Murdochs Moralverständnis – gemeinsam mit meinem eigenen – von der gängigen ethischen Mode entfernt hatte.

In meiner Erinnerung durchflutet helles Mondlicht die St.-Giles-Straße, als Iris und ich nach einem anstrengenden Tag im Juni 1942 den Heimweg nach Somerville entlangstolperten. Wir waren beide am Ende unseres Studiums und erschöpft von den letzten Prüfungen. Hinzu kam, dass unser netter Tutor uns etwas Gutes tun wollte und uns eingeladen hatte, mit zwei höchst angesehenen Koryphäen zu Abend zu essen, und wir also den ganzen Abend lang ihren höchst angesehenen Meinungen gelauscht hatten. »Nun«, sagte ich, »was meinst du? Haben wir was Neues gelernt heute Abend?« »Oh ja, ich glaube schon«, sagte Iris, während sie zum riesigen Mond emporblickte. »Ja, ich glaube schon. X ist ein guter Mensch und Y ist ein schlechter Mensch.« Auf dieses korrekte, aber grotesk altmodische Urteil hin erfasste uns ein derartiger Lachanfall, dass sich die wenigen Passanten erschrocken umsahen und alle Katzen davonliefen.

Das Problem zu dieser Zeit war nicht nur, dass moralische Urteile dieser Art kontinuierlich angefochten und als bloße Gefühlsregungen oder leerer Idealismus abgetan wurden. Das Problem war auch, dass das innere Selbst, das solche Urteile vornimmt – die wesentliche Person, das aktive Selbst, das von zentraler Bedeutung ist –, irgendwie ignoriert und vergessen wurde. Angeblich moderne, angeblich wissenschaftliche Denkansätze waren bereits damals mit dem Versuch beschäftigt, das Vertrauen in unsere direkte Wahrnehmung unseres eigenen Lebens zu schwächen und die innere Evidenz, von der all unser übriges Wissen abhängt, in Verruf zu bringen. Wenn ich nun auf diese Zeit zurückblicke, so verblüfft es mich zu sehen, dass diese absurden Ansichten, die damals zur Unterstützung dieser Bemühungen herangezogen wurden – Ansichten, die Iris vor vierzig Jahren so wirkungsvoll auf den Punkt gebracht hat –, heute noch immer wachsen und gedeihen und noch immer als von der Naturwissenschaft gefordert betrachtet werden.

Kein Geringerer als Francis Crick – Mr. DNA höchstpersönlich – hat kürzlich ein ganzes Buch mit dem Titel *Was die Seele wirklich ist* geschrieben, in dem er dafür argumentiert, dass das Selbst »nichts anderes als« das Verhalten von Nervenzellen und ihren assoziierten Molekülen ist. Während sich Akademiker:innen früher Sorgen machten, dass sie die zehn Gebote übertreten könnten, plagen ihre Nachkommen heute Schuldgefühle einer anderen Art: Wehe, wenn sie auch nur ansatzweise versucht sein sollten zu vermuten, dass irgendwo ein wirkliches Subjekt vonnöten sein könnte, um mit dieser aseptischen Welt von Objekten zurechtzukommen. Die Hoffnung, einen Zweig der Naturwissenschaften zu finden, der dieses Subjekt wegerklärt, behält die Oberhand gegenüber jeder schüchternen Tendenz, einfach zu akzeptieren, was unsere Vermögen uns mitteilen. Und so schreibt uns die aktuelle Mode noch immer vor, dass die wirkliche Komplexität des Selbst ungeprüft bleibe.

Iris hingegen kümmerte sich nie um Moden. Das ist es, was *Die Souveränität des Guten* so gut macht – was es noch immer zu einem der wenigen modernen philosophischen Bücher macht, die Menschen außerhalb der akademischen Philosophie wirklich hilfreich finden. Es teilt diese Auszeichnung mit C. S. Lewis' kleinem Büchlein *Die Abschaffung des Menschen*, das mit ähnlich tödlichem Pfeil auf dasselbe Ziel schießt. Beide Bücher entlarven die farbenfrohe, fantastische Bilderwelt angesagter reduktiver Ideen, innerhalb derer wir leben – eine Bilderwelt, die sich trotz einer Menge Oberflächenaktivität seither kaum verändert hat. Wie Iris sagt, »ein gewieftes Set an Begriffen kann ein höchst effizientes Instrument der Verderbung sein«. So erklärt sie:

> Wir sind von ständigen Sorgen geplagte Tiere. Unser Geist ist rund um die Uhr aktiv, webt kontinuierlich einen angstgetränkten, meist zwanghaft mit dem Selbst beschäftigten, oft verfälschenden *Schleier*, der die Welt zum Teil verhüllt. (S. 99)

Was den Schleier vor allem durchdringt, ist eine klare, direkte Wahrnehmung von Dingen, die nicht Teil unseres eigenen Wesens sind. Zum Beispiel:

> In einer aufgewühlten, verärgerten Stimmung sehe ich aus dem Fenster. Meiner Umgebung bin ich kaum gewahr, vielleicht grüble ich nach über einen Ansehensverlust, den ich erlitten habe. Dann

> sehe ich plötzlich einen schwebenden Falken. Mit einem Mal ist alles verändert. Das grübelnde Selbst mit seiner verletzten Eitelkeit ist verschwunden. Jetzt gibt es nichts außer dem Falken. Und wenn ich dann meine Gedanken über die andere Sache wieder aufnehme, scheint sie weniger wichtig. (S. 100)

Doch der Schleier ist widerstandsfähig und es ist furchtbar schwer, ihn selbst in den Blick zu bekommen. Geschickt ebnet er uns in jedem Alter neue, unbemerkte Pfade, auf denen wir die Wirklichkeit umgehen können. Diese neuen Pfade zu entdecken, ist die oberste Aufgabe der Philosophie, nur fällt Philosoph:innen das natürlich häufig nicht viel leichter als anderen Menschen:

> Es ist bei allen Philosoph:innen wichtig zu fragen, wovor sie sich fürchten. (S. 88)

Während des zwanzigsten Jahrhunderts boten intellektuelle Moden Fluchtmöglichkeiten, indem sie Individuen nach und nach immer mehr isolierten, zunächst von Gott, dann von ihrer Gesellschaft (»So etwas wie Gesellschaft gibt es nicht«) und schließlich vom Rest der Natur. Auf diese Weise wurde Individuen eine außergewöhnliche, übernatürliche Art von Unabhängigkeit angedichtet. Auf jeder Stufe waren die Reformierenden damit beschäftigt, genuin unterdrückende Behauptungen zurückzuweisen. Doch auf jeder Stufe wurden die echten, praktischen Gründe für diese Zurückweisung nach und nach vergessen, während ein Theoretiker nach dem anderen (Nietzsche, Freud, Skinner, Heidegger, Sartre, Hayek, Dawkins) sich schwelgerisch in einer übertriebenen Rhetorik erging, die in der Kombination dieser Elemente in einen extremen und reduktiven Individualismus mündete.

Dieser Extremismus machte es immer schwerer, eine intelligente Versöhnung zu denken, die das Beste der verschiedenen Lager zusammenzubringen vermochte. Was wir stattdessen bekamen (wie Iris hervorhebt), war ein seltsamer, halbbewusster Mischmasch aus den dramatischsten Bestandteilen jeder Doktrin, weil diese Teile am aufregendsten und am leichtesten zu merken waren.

> Dieses sehr mächtige Bild, das uns hier begegnet, […] ist behavioristisch insofern, als es Bedeutung und Wesen von Handlungen mit dem öffentlich Beobachtbaren verbindet, es ist existentialistisch in-

> sofern, als es das substantielle Selbst eliminiert und den einsamen, omnipotenten Willen betont, und es ist utilitaristisch insofern, als es annimmt, dass Moral nur mit Akten, die die Öffentlichkeit betreffen, zu tun hat und haben kann. (S. 24)

Die Namen dieser Doktrinen mögen uns nicht allen vertraut sein, doch kennen wir alle, wie Iris sagt, die Idealfigur, die diese Doktrinen personifiziert, weil sie die Geschichten dominiert, die wir lesen und schauen:

> [E]r ist der Held beinahe jedes zeitgenössischen Romans. [... D]ieser Mensch [weilt] noch immer unter uns, frei, unabhängig, einsam, mächtig, rational, verantwortungsvoll, mutig, der Held so vieler Romane und moralphilosophischer Bücher. Nach der Raison d'Être dieses attraktiven, aber trügerischen Menschentyps müssen wir nicht lang suchen. Er ist das Kind des Zeitalters der Naturwissenschaft, auf selbstbewusste Weise rational und sich doch gleichzeitig seiner Entfremdung von dem materiellen Universum, das seine Entdeckungen ihm offenlegen, bewusst [...]. (S. 96)

Seit Iris das schrieb, hat der Klimawandel unsere Sorgen bezüglich dieser letzteren Art der Entfremdung deutlich vergrößert. Doch die Machtfantasie, die sie beschreibt, ist potent wie eh und je und wird noch immer hochgehalten von der »Vorherrschaft der Naturwissenschaft: oder vielmehr [der] Vorherrschaft unpräziser Vorstellungen von Naturwissenschaft, die in den Köpfen von Philosoph:innen sowie anderer Denker:innen umherspuken« (S. 42).

Denn es ist nicht die Naturwissenschaft selbst, die diese wilde, schmeichlerische Flucht notwendig erscheinen lässt. Diese Forderung kommt von Ideologien (wie der behavioristischen Ideologie von B. F. Skinner), die den Namen der Wissenschaft benutzen und deren Macht auf groteske Weise übertreiben. Um es einfach auszudrücken: Was uns Angst macht, ist unsere abergläubische Überzeugung, dass es ein einzelnes, riesiges, unfehlbares System namens Naturwissenschaft gibt, das die menschliche Existenz in ihrer Gänze erklärt und damit die uns so vertrauten Arten der Freiheit, die wir jeden Tag erleben, als Illusionen entlarvt. Um dieser Bedrohung zu entkommen, haben Theoretiker:innen eine besondere Art metaphysischer Freiheit erfunden, die uns wie autonome Heißluftballons in eine Stratosphäre schickt, die jenseits der Reichweite von

Natur und Wissenschaft liegt. Wollen wir dort wirklich leben? Iris kommentiert:

> Ich finde das Menschenbild, das ich skizziert habe, sowohl fremdartig als auch unplausibel. Genauer gesagt: Ich habe einfache empirische Einwände (ich glaube nicht, dass Menschen notwendigerweise oder essentiell »so sind«), ich habe philosophische Einwände (ich finde das Argument nicht überzeugend) und ich habe moralische Einwände (ich glaube nicht, dass Menschen sich selbst so sehen *sollen*). Es ist eine heikle und knifflige Angelegenheit, diese Arten von Einwänden im Kopf auseinanderzuhalten. (S. 24)

Dieser Schwierigkeit sehen sich alle gegenüber, die versuchen, einen gegenwärtigen Mythos zu durchdringen. Intellektuelle und emotionale Aspekte des aktuellen Schleiers sind so sehr ineinander verwoben, dass man kaum eine Beobachtung anstellen kann, ohne scheinbar etwas moralisch Fragwürdiges zu sagen.

Während des gesamten letzten Jahrhunderts wurde dem Begriff der Freiheit eine solch unbedingte Ehrerbietung dargebracht, dass es unter allen Umständen als verboten erscheint, nur danach zu fragen, welche Freiheit gemeint ist. Freiheit wovon? Freiheit von Skrupel? Freiheit von Freundschaft und den Fesseln der Zuneigung? Freiheit von Prinzipien? Freiheit von aller Tradition? Freiheit von Gefühlen? Diese Freiheiten sind das natürliche Privileg von Psychopath:innen, Dummköpfen und Depressiven. Den Prophet:innen, die der Freiheit als höchstem oder einzigem Wert huldigen, geht es aber nicht um diese Privilegien. Das machen sie anhand ihrer Beispiele deutlich. Was aber (fragt Iris) wollen sie dann?

> Der Existentialismus, sowohl in seiner kontinentalen wie auch in seiner angelsächsischen Version, ist ein Versuch, das Problem zu lösen, ohne sich ihm wirklich zu stellen: es zu lösen, indem man dem Individuum eine leere, einsame Freiheit zuspricht, eine Freiheit »selbst den Tatsachen zu trotzen«, sollte es das wünschen. In Wirklichkeit zeichnet er ein Bild von der angstvollen Einsamkeit des Individuums, wie es auf einer winzigen Insel inmitten eines Meeres naturwissenschaftlicher Tatsachen ausgesetzt ist, und von einer Moral, die der Wissenschaft nur durch einen wilden Sprung des Willens entkommt. Aber dieses Bild entspricht nicht unserer Lage. (S. 42)

Sie fasst unter dem Ausdruck Existentialismus eine weite Tradition, die von Dostojewski, Kierkegaard und Nietzsche bis hin zu Heidegger und Sartre reicht, eine Tradition, die heute nur deshalb seltener als früher erwähnt wird, weil ihre plumpen Elemente im Großen und Ganzen akzeptiert und als selbstverständlich gesetzt sind. In neuem sprachlichen Gewand finden wir sie auch bei amerikanischen Libertären wieder. Iris gibt zu, dass wir in der Konfrontation mit harten Dilemmata tatsächlich das Gefühl haben können, dass unsere Situation hoffnungslos unverständlich und irrational ist. Doch das ist deshalb so (führt Iris aus), weil wir uns willkürlich auf den Moment der augenscheinlichen Entscheidung konzentrieren und dabei die Fülle an imaginativer Arbeit ignorieren, die diesem Moment vorausgegangen ist, eine Arbeit, die vor allen Dingen auf bewusster und selektiver Aufmerksamkeit aufbaut. Als Beispiel führt sie eine Frau an, die halbbewusst ihre Schwiegertochter verabscheut und die, auf die Befürchtung hin, dass sie unfair sein könnte, »ganz bewusst über S nachdenkt, bis sich ihre Sicht auf S allmählich verändert« (S. 33). Diese Frau sieht nun Tatsachen, die sie vorher nicht sah, nicht weil sie sich etwas vormacht, sondern weil sie mit ›gerechter und liebender Aufmerksamkeit‹[1] schaut. Das heißt, unsere Vorstellungskraft hilft nicht nur dabei, den Schleier, der uns die Sicht nimmt, zu verdichten – sie hilft uns auch dabei, Löcher in ihn zu stechen und ihn zu entwirren. Sie ist nicht nur ein Täuschungsinstrument oder ein Luxusgut, mit dem sich Humanist:innen die Zeit vertreiben. Sie ist selbst ein lebenswichtiges Organ, eine Werkstatt, in der wir unsere Sicht auf die Welt und damit unsere Handlungen formen.

Es ist natürlich zuvorderst diese Art reflektierender, imaginativer Aufmerksamkeit – nicht beliebige, plötzliche Entscheidung –, die Menschen, die relativ frei und verantwortungsbewusst handeln, von denen unterscheidet, die dies nicht tun. Gewiss haben wir nur begrenzte Kontrolle über unsere Aufmerksamkeit. Aber nicht einmal die Fanatischsten und Fatalistischsten unter den Determinist:innen haben jemals wirklich daran gezweifelt, dass wir sehr viel bewegen können, wenn wir dieses Maß an Kontrolle auch ausüben,

1 Dies ist kein wörtliches Zitat, bezieht sich aber vermutlich auf diese Stelle im vorliegenden Buch, die kurz nach Murdochs Einführung des Begriffs der Aufmerksamkeit folgt: »Wenn M gerecht und liebend ist, dann sieht sie S, wie sie wirklich ist« (S. 52). A. d. Ü.

und dass die Fähigkeit hierzu Teil unseres natürlichen Erbes ist. Es ist die Aufgabe der verschiedenen Wissenschaften (wie seriöse Wissenschaftler:innen wissen), einander dabei zu helfen, solche natürlichen Prozesse zu verstehen, und nicht zu leugnen, dass sie überhaupt stattfinden. Diese Art der Leugnung ist Ideologie, nicht Wissenschaft. Über weite Strecken des letzten Jahrhunderts kämpften Libertäre verschiedener Couleur hier einen Geisterkampf, nicht gegen die Wissenschaft selbst, sondern gegen falsche szientistische Prophet:innen. Ein Blick in *Die Souveränität des Guten* könnte sicher dabei helfen, sie zu befreien, und ihnen bessere und fröhlichere Beschäftigungen erschließen.

Mary Midgley 2014

Vorwort

Diese drei Aufsätze sind bereits in gedruckter Fassung erschienen. Ich danke dem Herausgeber für die Erlaubnis des Nachdrucks von »Die Idee der Vollkommenheit« aus dem *Yale Review* 1964, den Syndizi der Cambridge University Press für die Erlaubnis des Nachdrucks von »Die Souveränität des Guten über andere Begriffe«, der die Leslie-Stephen-Vorlesung von 1967 war, und Professor Majorie Greene und der Arbeitsgemeinschaft über die Fundamente kultureller Einheit sowie Routledge und Kegan Paul für die Erlaubnis des Nachdrucks von »Über ›Gott‹ und ›Gut‹«, veröffentlicht 1969 in *The Anatomy of Knowledge*. »Die Idee der Vollkommenheit« basiert auf der Ballard-Mathews-Vorlesung, die ich am University College of North Wales 1962 hielt.

Iris Murdoch

1. Die Idee der Vollkommenheit

Es wird gelegentlich behauptet, dass die Philosophie keine Fortschritte mache. Mal geschieht das mit Verdruss, mal mit einer gewissen Genugtuung. Sicherlich zutreffend und meiner Ansicht nach ein bleibendes und kein beklagenswertes Charakteristikum des Fachs ist es, dass es gewissermaßen immer wieder versuchen muss, zum Anfang zurückzukehren: ein keineswegs leichtes Unterfangen. Es gibt ein Pendel in der Philosophie, das in zwei Richtungen schwingt. Es bewegt sich hin zur Konstruktion elaborierter Theorien, und es bewegt sich zurück zur Betrachtung einfacher und offensichtlicher Tatsachen. McTaggart behauptet, die Zeit sei unwirklich, Moore antwortet, er habe gerade gefrühstückt. Beide Aspekte der Philosophie sind für sie notwendig.

Ich möchte in dieser Diskussion den Versuch einer Rückkehr unternehmen, eines Zurückverfolgens unserer Schritte, um zu sehen, wie eine bestimmte Position erreicht wurde. Die Position in der aktuellen Moralphilosophie, um die es geht, scheint mir auf zwei miteinander verwandte Weisen unbefriedigend zu sein: Sie ignoriert bestimmte Tatsachen und nötigt uns dabei eine einzige Theorie auf, die weder eine Auseinandersetzung mit rivalisierenden Theorien erlaubt noch uns Fluchtwege dorthin offenlässt. Wenn es stimmt, dass die Philosophie mehr oder weniger immer schon so gearbeitet hat, dann stimmt es auch, dass Philosoph:innen dies noch nie besonders lang hingenommen haben. Beispiele für Tatsachen, wie ich sie kühnerweise nennen werde, die mich interessieren und die scheinbar vergessen oder »wegtheorisiert« wurden, sind die Tatsache, dass ein ungeprüftes Leben tugendhaft sein kann, und die Tatsache, dass Liebe ein zentraler Begriff in der Moral ist. Zeitgenössische Philosoph:innen verbinden häufig Bewusstsein mit Tugend, und obwohl sie andauernd über Freiheit reden, reden sie fast nie von Liebe. Doch es muss eine Verbindung zwischen diesen beiden letzten Begriffen geben, und es muss möglich sein, sowohl Sokrates als auch dem gutherzigen Landarbeiter gerecht zu werden. In einem »Muss« wie diesem liegen die tiefsten Quellen und Motive der Philosophie. Wenn wir aber versuchen, unser Blickfeld zu erweitern, und uns kurzzeitig philosophischen Theorien außerhalb unserer eigenen Tradition zuwenden, fällt es uns meist sehr schwer, erhellende Zusammenhänge herzustellen.

Im vorletzten Kapitel von *Thought and Action* sagt Professor Hampshire, dass »es die konstruktive Aufgabe einer Philosophie des Geistes ist, eine Menge von Ausdrücken bereitzustellen, mithilfe derer man endgültige Werturteile klar formulieren kann«.[1] Wenn man Philosophie des Geistes so versteht, dann bildet sie den Hintergrund zur Moralphilosophie; und die Gründe für die Tendenz der modernen Ethik, eine Art Neusprech zu etablieren, innerhalb dessen bestimmte Werte nicht mehr ausdrückbar sind, liegen in der aktuellen Philosophie des Geistes und in der faszinierenden Macht eines bestimmten Bildes der Seele. Man bekommt allerdings den Verdacht, dass die Philosophie des Geistes nicht wirklich die von Professor Hampshire empfohlene Aufgabe des Sortierens und Klassifizierens fundamentaler moralischer Fragen erledigt; sie ist vielmehr damit beschäftigt, uns ein bestimmtes, als Theorie der menschlichen Natur verkleidetes Werturteil aufzunötigen. Ob Philosophie jemals irgendetwas *anderes* machen kann, ist eine Frage, über die wir nachdenken müssen. Aber solange moderne Philosoph:innen bekunden, analytisch und neutral zu sein, verdient es jedes diesbezügliche Versagen, kommentiert zu werden. Und ein Versuch, der zwar keine umfassende Analyse, aber doch wenigstens ein rivalisierendes Seelenbild entwickelt, das ein größeres oder anderes Gebiet abdeckt, sollte neue Räume für philosophische Reflexion erschließen. Wir wüssten gern, was wir als moralische Akteure aufgrund der Logik tun müssen, was wir aufgrund unserer menschlichen Natur tun müssen und was wir selbst wählen können. Ein solches Programm ist leicht aufzusetzen und vielleicht unmöglich umzusetzen. Aber allein schon um herauszufinden, was wir mit diesem Kurs erreichen *können*, benötigen wir zweifellos ein deutlich komplexeres und subtileres begriffliches System als all jene, die uns aktuell zur Verfügung stehen.

Bevor ich nun im Weiteren die Probleme der Philosophie des Geistes erörtere, die für die Momente der Sprachlosigkeit der modernen Ethik verantwortlich sind, möchte ich noch einige Worte

1 Murdoch zitiert im Folgenden ausgiebig aus *Thought and Action* (London 1959) und »Disposition and Memory« (*The International Journal of Psychoanalysis*, Bd. 43, 1962), ohne Seitenangaben zu nennen. Die deutschen Übersetzungen sind meine. A. d. Ü.

zu G. E. Moore verlieren. Moore bildet gleichsam den Rahmen des Bildes. Sehr viel ist geschehen, seit er seine Abhandlungen schrieb, und wenn wir ihn nun erneut lesen, so ist es verblüffend zu sehen, wie viele seiner Überzeugungen mittlerweile unaussprechlich geworden sind. Moore war der Überzeugung, dass gut[2] eine Realität jenseits der Sinne sei, eine mysteriöse, nicht abbildbare und undefinierbare Eigenschaft, von der wir Erkenntnis erlangen können. Implizit angelegt in seiner Position ist die Annahme, dass die Fähigkeit, das Gute sehen zu können, gleichbedeutend damit ist, es zu besitzen. Moore betrachtete das Gute in Analogie zum Schönen, und er war ganz gegen seine eigene Absicht ein »Naturalist«, weil er die Eigenschaft, gut zu sein, für einen wirklichen Bestandteil der Welt hielt. Wir wissen, wie heftig und in welchen Hinsichten Moore von seinen Nachfolgern korrigiert wurde. Moore unterschied ganz zu Recht (so wurde gesagt) die Frage »Was bedeutet ›gut‹?« von der Frage »Welche Dinge sind gut?«, aber es war falsch von ihm, neben der ersten auch die zweite Frage zu beantworten. Er sagte zu Recht, dass gut undefinierbar sei, aber es war falsch von ihm zu behaupten, dass es die Bezeichnung einer Eigenschaft sei. Gut sei deshalb undefinierbar, weil Werturteile vom Willen und den Entscheidungen des Individuums abhängig sind. Moore lag falsch damit (so seine Kritiker:innen weiter), das Gute mittels des quasiästhetischen Bildes des Sehens fassbar machen zu wollen. Eine solche Ansicht, die das Gute in Analogie zum Schönen auffasst, würde auf Seiten des moralischen Akteurs scheinbar eine kontemplative Haltung ermöglichen, wohingegen doch der Punkt bei dieser Person gerade sei, dass sie essentiell und unausweichlich *Akteur* ist. Das Bild, mit dem Moral zu verstehen ist, so wird argumentiert, sei nicht das Bild des Sehens, sondern das Bild der Bewegung. Die Eigenschaft, gut zu sein, und die Eigenschaft, schön zu sein, seien nicht analog, sondern zwei in scharfem Kontrast stehende Ideen. Gut dürfe nicht als Bestandteil der Welt gedacht werden, sondern

2 »Gut« ist ein Schlüsselbegriff in diesem Werk, der in verschiedenen Variationen zum Ausdruck kommt und nur schwer einheitlich zu übersetzen ist. Wann immer möglich, habe ich wörtlich übersetzt. *Goodness* habe ich im Kontext von G. E. Moore mit »Eigenschaft, gut zu sein«, übersetzt und ansonsten mit »Güte«. Wenn *good* auf das Wort oder den Begriff verweist, habe ich dies gelegentlich mit Anführungszeichen markiert, auch wo diese im Original nicht gesetzt sind. Ansonsten habe ich die Ausdrücke *Good, the good, the Good* mit »das Gute« übersetzt. A. d. Ü.

als willkürlich verwendbares Label, das der Welt angehaftet wird, denn nur so könne der Akteur als Verantwortung tragend und frei vorgestellt werden. Und tatsächlich habe Moore diese Wahrheit zum Teil erfasst, als er die Denotation von der Konnotation von »gut« trennte. Der Begriff »gut« sei nicht die Bezeichnung eines esoterischen Gegenstands, er sei das Werkzeug eines jeden rationalen Menschen. Die Eigenschaft, gut zu sein, sei kein Gegenstand von Einsicht oder Wissen, sie sei eine Funktion des Willens. So verläuft die Korrektur von Moore, und ich möchte vorwegnehmen, dass ich in fast jedem Punkt mit Moore übereinstimme und nicht mit seinen Kritiker:innen.

Die Idee, dass »gut« eine Funktion des Willens ist, überraschte die Philosophie mit ihrer Attraktivität, da sie so viele Probleme mit einem Schlag löste: Metaphysische Entitäten wurden beseitigt und moralische Urteile nicht mehr als seltsame Behauptungen aufgefasst, sondern als etwas viel Verständlicheres, etwa als Überzeugungsversuche, Gebote oder Regeln. Die Idee besitzt ihre eigene Sinnfälligkeit, aber ihre Plausibilität beruht nicht allein auf ihrer Nützlichkeit oder einem Verweis auf unsere alltägliche Kenntnis des moralischen Lebens. Sie steht im Einklang mit einer umfassenden Moralpsychologie, von der große Teile in jüngerer Vergangenheit ausgearbeitet worden sind. Ich möchte nun einige Aspekte dieser Psychologie untersuchen und zu ihrem Ursprung und ihrer Grundlage, die nach meinem Dafürhalten in einem bestimmten Argument von Wittgenstein zu finden sind, zurückverfolgen. Zunächst werde ich »den Menschen«[3] skizzieren, den diese Psychologie uns vorlegt, dann werde ich die wichtigsten Eigenschaften dieses Menschen diskutieren, und schließlich werde ich dazu übergehen, die grundlegenden Argumente für ein solches Bild zu prüfen.

Ich werde meiner Skizze von diesem Bild »des Menschen« der modernen Moralphilosophie zwei Werke von Professor Hampshire zugrunde legen, sein Buch *Thought and Action* und seine Vorlesung »Disposition and Memory«. Meiner Ansicht nach ist Hampshires Sichtweise recht exemplarisch und typisch, wenngleich auch sie keine ungeteilte Zustimmung genießt. Zudem hat sie den großen Vorteil, dass sie dasjenige klar darlegt und ausführt, was ande-

3 Murdoch benutzt für Mensch hier das Wort »man«, das im Englischen sowohl Mensch als auch Mann bedeutet, und scheint mit dieser Doppeldeutigkeit zu spielen. A. d. Ü.

re moderne Moralphilosoph:innen schlicht als selbstverständlich voraussetzen. Hampshire schlägt vor, dass wir die (den britischen Empiristen so teure) Vorstellung vom Menschen als ungebundenen, objektiven Beobachter verwerfen und ihn stattdessen als ein Objekt betrachten, das sich inmitten anderer Objekte in einem steten Fluss von Absicht zu Handlung bewegt. Berührung und Bewegung sollten unsere Metaphern sein, nicht das Sehen: »Das Berühren, Handhaben und Bearbeiten von Dingen wird falsch dargestellt, wenn wir der Analogie des Sehens folgen.« Handlungen sind, grob gesagt, Vorgänge des Herumbewegens von Dingen in der öffentlichen, allen zugänglichen Welt. Nur das zählt als Handlung, was eine »Hervorbringung erkennbarer Veränderung in der Welt« ist. Welche Arten von Dingen können solche erkennbaren Veränderungen sein? Hier müssen wir unterscheiden zwischen »den Dingen und Personen, die die externe Welt konstituieren, und den Sinneswahrnehmungen und Eindrücken, die ich oder jeder andere von einem Moment zum nächsten haben kann«. Was »wirklich« ist, steht potentiell verschiedenen Beobachtern offen. Die innere oder mentale Welt lebt zwangsläufig parasitär von der Außenwelt; sie hat »eine parasitäre und schattenhafte Natur«. Die Bestimmtheit eines jeden Gedankengangs ist abhängig »von der Möglichkeit, von Beobachtenden aus verschiedenen Perspektiven erkannt, untersucht und identifiziert zu werden; diese Möglichkeit ist für jede Art bestimmter Wirklichkeit essentiell«. »Spiele des Geistes, die nicht in hörbarer Sprache oder sichtbarer Handlung Ausdruck finden, sind wirklich, so wie Schattenspiele wirklich sind. Doch sämtliche Beschreibungen solcher Spiele leiten sich von Beschreibungen der natürlichen Ausdrucksformen des Geistes in Sprache und Handlung ab.« »Die Zustimmung, die im Geist und nicht in einem Kommunikationsgeschehen stattfindet, wenn keine Frage tatsächlich gestellt und beantwortet worden ist, ist eine schattenhafte Zustimmung und ein schattenhafter Akt.« »Im Gegensatz zu Tagträumereien kann das Denken nur als auf einen Abschluss zielend gedacht werden, ob in einer Handlung oder einem Urteil.« Ferner: Denken und Überzeugung sind getrennt von Wille und Handlung. »In unserem alltäglichen Sprechen und Denken bemühen wir uns durchaus, den Unterschied zwischen Denken und Handeln so deutlich wie möglich zu wahren.« Denken als solches ist keine Handlung, sondern eine Einleitung einer Handlung. »Das, was ich tue, ist das, wofür ich verantwortlich bin und was auf eigentümliche Weise ein Ausdruck meiner selbst ist. Es ist dem Denken wesentlich, dass es seine eigene Gestalt annimmt und seiner eigenen Fährte folgt, ohne dass ich mich einmische, d. h., ohne dass mein Wille sich einmischt. Ich identifiziere mich mit meinem Willen. Das Denken, wenn es am reinsten ist, lenkt sich selbst. [...] Wenn die vorbereitende Arbeit des Willens verrichtet ist, geht das Denken seiner eigenen Wege, beherrscht von seinen eigenen universellen Regeln. Kein Gedankengang kann unterbrochen werden, sei es durch Willensakte oder ein freiwilliges Umlenken der Aufmerksamkeit, und den Status eines zusammenhängenden Gedankenganges behalten.« Dies sind sehr wichtige Annahmen. Hieraus wird folgen, dass eine »Überzeugung« nicht willentlich hervorgebracht werden kann. »Es scheint, dass ich meine eigene Überzeugung von etwas nicht als eine Leistung beschreiben kann, da eine solche Beschreibung sie als *Überzeugung* disqualifizieren würde.« Diese Zitate sind aus *Thought and Action*, der zweiten Hälfte von Kapitel zwei.

In der Ernest-Jones-Vorlesung »Disposition and Memory« macht Hampshire zwei Dinge: Er bringt die Argumente aus *Thought and Action* polemisch auf den Punkt und er führt mit freudscher Rückendeckung den Gedanken einer »personalen Verifizierung« ein, die ich weiter unten ausführlich diskutieren werde. Aus »Disposition and Memory«: »Absicht ist der einzige Begriff, der vor jeglichem Beigeschmack des nicht ganz Bewussten bewahrt werden sollte.« Und »im Gegensatz zu physikalischen ist es für mentale Begriffe charakteristisch, dass die Bedingungen ihrer Anwendung nur dann verstanden werden können, wenn sie genetisch analysiert werden«. Dies sind kurze, prägnante Formulierungen von Thesen, für die bereits in *Thought and Action* argumentiert wurde. Zusätzlich präsentiert Hampshire uns nun ein Bild des »ideal rationalen Menschen«. Diese Person wäre sich »all ihrer Erinnerungen als Erinnerungen bewusst [...]. Ihre Wünsche würden sich auf eindeutige Möglichkeiten in einer eindeutigen Zukunft beziehen [...]. Sie würde [...] ihre momentane Situation von unterbewussten Erinnerungen an Vergangenes unterscheiden [...] und würde ihre Handlungsmotive in der Befriedigung ihrer instinktiven Bedürfnisse finden, die sich allein an objektiv beobachteten Eigenschaften der Situation orientieren.« Diesen idealen Menschen gibt es nicht, weil der Palimpsest der »Veranlagungen« zu fest ist, um durchdrungen zu werden:

Und das ist nur gut so, denn ideale Rationalität würde uns »ohne Kunst, ohne Traum oder Imagination, ohne von instinkthaften Bedürfnissen unabhängige Vorlieben und Abneigungen zurücklassen«. In der Theorie, wenn auch nicht in der Praxis, könnte »eine endlose Analyse« die Maschinerie unserer Veranlagungen freilegen und eine perfekte Vorhersage unseres Verhaltens ermöglichen; aber Hampshire betont (und dies ist der Hauptpunkt der Vorlesung), dass solch ideales Wissen nicht die Form eines wissenschaftlichen Gesetzes annähme, sondern seine Basis und seine Verifikation in der Geschichte des Individuums hätte. Ich werde später dafür argumentieren, dass dieses sehr überzeugende Bild, das Hampshire uns hier vorlegt, nicht vereinbare Elemente enthält. Grob gesagt gibt es einen Konflikt zwischen der »logischen« und der »geschichtlichen« Auffassung des Geistes, einen Konflikt, der zum Teil deshalb existiert, weil Logik noch immer an einen altmodischen Begriff von Wissenschaft geknüpft ist. Aber ich greife vor.

Ich halte es für nützlich, meine eigene Sichtweise später in einer ziemlich exakten abschnittsweisen Gegenüberstellung mit Hampshires darzulegen; und da seine Sichtweise reich an Details ist, waren umfangreiche Zitate notwendig. Wie ich angedeutet habe, findet man Hampshires Menschen mehr oder weniger explizit hinter vielem versteckt, was heutzutage über Moralphilosophie und auch Politik geschrieben wird. Hampshire hat einen Hintergrund, den viele Autor:innen als selbstverständlich annehmen, gründlich untersucht: Hierfür gebührt ihm Dank. Man kann hinzufügen, dass wir mit diesem »Menschen« aus einem anderen Grund wohlvertraut sind: Er ist der Held beinahe jedes zeitgenössischen Romans. Wir wollen auf seine Eigenschaften schauen und sie zunächst feststellen, ohne sie zu diskutieren. Hampshire betont Klarheit der Absicht. Er sagt »alle Probleme kommen in der Absicht zusammen«, und er bringt in Bezug auf die Absicht das einzige explizite »Sollen« seiner Psychologie zum Ausdruck. Wir sollen wissen, was wir tun. Wir sollen vollständiges Wissen über unsere Situation und eine klare begriffliche Fassung all unserer Möglichkeiten anstreben. Gedanken und Absichten müssen sich auf eindeutige, öffentlich erkennbare Sachverhalte richten, sonst sind sie nichts als Tagträumerei. Die »Wirklichkeit« steht verschiedenen Beobachtern potentiell offen. Was im Inneren vor sich geht, was zwischen beobachtbaren Handlungen liegt, sind entweder unpersönliche Gedanken oder die

»Schatten« von Handlungen oder aber substanzlose Träume. Das mentale Leben ist, ja muss der Logik gemäß ein Schatten des Lebens in der Öffentlichkeit sein. Unser persönliches Sein besteht in der Bewegung unseres öffentlich wählenden Willens. Mit größter Sorgfalt wird der Wille als isoliert vorgestellt. Er ist isoliert von Überzeugungen, von der Vernunft, vom Gefühl, und doch ist er der wesentliche Kern des Selbst. »Ich identifiziere mich mit meinem Willen.« Er ist von Überzeugungen getrennt, damit die Autorität der Vernunft, die die Überzeugungen hervorbringt, und auch die Verantwortung für Handlungen komplett sein können. Meine Verantwortung ist eine Funktion meines Wissens (welches versucht, völlig unpersönlich zu sein) und meines Willens (welcher völlig persönlich ist). Moral ist eine Sache des klaren Denkens und des anschließenden Übergehens zu äußerlichen Interaktionen mit anderen Menschen.

Dieser Sichtweise folgend könnte man sagen, dass Moral mit dem Gang in einen Laden vergleichbar ist. Ich betrete den Laden in einem Zustand vollverantwortlicher Freiheit, begutachte objektiv die Eigenschaften der Waren und dann wähle ich. Je größer meine Objektivität und mein Unterscheidungsvermögen, desto größer die Anzahl der Produkte, aus denen ich auswählen kann. (Eine marxistische Kritik dieser bürgerlich-kapitalistischen Moral wäre sicherlich zutreffend. Sollten wir viele Waren im Laden bevorzugen oder eher nur »die richtigen«?) Das Einkaufen ist öffentlich, sowohl als Handlung als auch als Vernunftakt. Der Wille hat keinen Bezug zur Vernunft, weshalb das »Innenleben« nicht als moralische Sphäre zu denken ist. Die Vernunft arbeitet mit neutralen Beschreibungen und zielt darauf ab, die bereits öfter erwähnte ideale Beobachterin zu sein. Die Wertterminologie wird zum Vorrecht des Willens; da der Wille aber reine Wahl, reine Bewegung ist und nicht Denken oder Sehen, braucht er lediglich Handlungswörter wie »gut« oder »richtig«. Es ist nicht charakteristisch für den von uns beschriebenen Menschen, so wie er entweder in Lehrbüchern oder in Romanen auftritt, ein elaboriertes normatives Vokabular zu besitzen. Die moderne Ethik analysiert »gut«, das leere Handlungswort, das das Korrelat zum isolierten Willen darstellt, und tendiert dazu, andere Wertbegriffe zu ignorieren. Unser Held strebt danach, ein »Realist« zu sein, und betrachtet Aufrichtigkeit als die fundamentale und vielleicht als die einzige Tugend.

Dieses sehr mächtige Bild, das uns hier begegnet, ist behavioristisch, existentialistisch und utilitaristisch auf eine Weise, die diese drei Denkansätze vereint. Es ist behavioristisch insofern, als es die Bedeutung und das Wesen von Handlungen mit dem öffentlich Beobachtbaren verbindet, es ist existentialistisch insofern, als es das substantielle Selbst eliminiert und den einsamen, omnipotenten Willen betont, und es ist utilitaristisch insofern, als es annimmt, dass Moral nur mit Akten, die die Öffentlichkeit betreffen, zu tun hat und haben kann. Es ist übrigens auch eine Sichtweise, die man demokratisch nennen kann, da sie nahelegt, dass Moral keine esoterische Leistung, sondern eine natürliche Funktion eines jeden normalen Menschen ist. Anders ausgedrückt verkörpert diese Position eine glückliche und fruchtbare Eheschließung zwischen kantischem Liberalismus und wittgensteinscher Logik, von Freud feierlich vollzogen. Aber nun greife ich wieder vor; womit wir es hier zu tun haben, ist tatsächlich komplex und schwierig zu analysieren. Ich möchte nun versuchen die verschiedenen Fragen, die beantwortet werden müssen, zu sortieren und zu klassifizieren.

Ich finde das Menschenbild, das ich skizziert habe, sowohl befremdlich als auch unplausibel. Genauer gesagt: Ich habe einfache empirische Einwände (ich glaube nicht, dass Menschen notwendigerweise oder essentiell »so sind«), ich habe philosophische Einwände (ich finde das Argument nicht überzeugend) und ich habe moralische Einwände (ich glaube nicht, dass Menschen sich selbst so sehen *sollen*). Es ist eine heikle und knifflige Angelegenheit, diese Arten von Einwänden im Kopf auseinanderzuhalten. Später werde ich versuchen, mein eigenes Gegenbild zu präsentieren. Aber zuerst möchte ich nun die Theorie des »Innenlebens«, die uns hier vorgelegt wurde, detaillierter untersuchen. Gemeinhin ist die erste Reaktion auf diese Theorie vermutlich eine starke, instinktive: Entweder ist man mit der Betonung der Realität des Äußeren und der Abwesenheit des Inneren zufrieden, oder man spürt (so wie ich es tue), dass das so nicht stimmen kann, dass etwas Entscheidendes fehlt. Und wenn man glaubt, dass das »Innere« irgendwie wichtig ist, so wird man die Argumente bezüglich seines Stellenwerts nochmal sorgfältiger unter die Lupe nehmen. Solche kritischen Überprüfungen können weite Kreise ziehen, da von der Frage danach, was zwischen Momenten beobachtbarer »Bewegung« »im Inneren passiert«, so vieles abhängt: unsere Ansichten über den Stellenwert des Entscheidens, über die Bedeutung der Freiheit und über das ganze Problem der Beziehung des Willens zur Vernunft und des Verstandes zum Begehren. Ich werde nun das Argument genauer beleuchten, von dem ich glaube, dass es das radikalste und zugleich der Grundpfeiler für diesen existentialistisch-behavioristischen Typ von Moralpsychologie ist: das Argument, das begründen soll, dass alle mentalen Begriffe genetisch analysiert werden müssen und dass dementsprechend das Innere als parasitär abhängig vom Äußeren gedacht werden muss.

Dieses Argument sollte man am besten als Spezialfall eines allgemeineren und mittlerweile wohlbekannten Arguments über den Stellenwert dessen, was »privat« ist, verstehen. Unsere Philosophietradition seit Descartes war bis vor Kurzem von etwas besessen, das schon viele Namen hatte: die *cogitatio*, der Sinneseindruck, das Sinnesdatum. Diese Entität, die jeder Person privat gegeben ist, wurde als *Erscheinung* gedacht, über die ihr Besitzer unfehlbares und sicheres *Wissen* hat. Descartes nahm sie als Anfangspunkt eines berühmten Arguments und sie wurde von den britischen Empiristen als ein Werkzeug des Denkens vorgestellt. Die Idee der *cogitatio* oder des Sinnesdatums, auf so seltsame Weise attraktiv und eingängig, suggeriert unter anderem, dass Innerliches in zweierlei Hinsicht privat sein kann, in einer kontingenten Hinsicht und in einer logischen Hinsicht. Ich kann Ihnen ein Geheimnis verraten oder es lassen; aber ich kann Ihnen nicht (logischerweise) meine Sinnesdaten zeigen.

Nach einer langen und abwechslungsreichen Geschichte wurde diese Auffassung von Philosoph:innen nun weitgehend aufgegeben. Das allgemeine Argument für diese Abkehr greift an zwei Fronten an. Kurz gesagt ist das Argument gegen die *cogitatio*, dass (a) eine solche Entität nicht Teil der Struktur eines öffentlichen Begriffs sein kann, (b) eine solche Entität nicht introspektiv entdeckt werden kann. Das heißt, (a) sie ist nutzlos, (b) es gibt sie nicht. Der letzte Punkt kann nochmals in einen empirischen und einen logischen Punkt unterteilt werden. Der empirische Punkt ist, dass es sehr wenige und ziemlich nebulöse Introspektabilia gibt, und der logische Punkt ist, dass es in jedem Fall Schwierigkeiten mit ihrer Identifizierung gibt. Von diesen beiden Fronten des allgemeinen Arguments hat (a) mehr Aufmerksamkeit bekommen als (b), da (a) als schlagendes, (b) dagegen als Hilfs-Argument betrachtet wurde. Wenn etwas nutzlos ist, dann ist es auch egal, ob es existiert oder nicht. Ich werde in Kürze argumentieren, dass zu hastig angenommen wurde, nur weil etwas nutzlos ist, existiere etwas anderes nicht. Aber zunächst sollten wir das Argument näher betrachten.

Ich sagte weiter oben, dass das Argument bezüglich mentaler Begriffe ein Spezialfall des allgemeinen Arguments ist. Das allgemeine Argument ist dann am treffendsten, wenn es auf einfache, nichtmentale Begriffe wie beispielsweise »rot« angewandt wird. »Rot« kann nicht die Bezeichnung von etwas Privatem sein. Die Struktur des Begriffs ist seine öffentliche Struktur, die von übereinstimmenden Vorgängen in öffentlichen Situationen etabliert wird. Wie erfolgreich wir beim Etablieren einer bestimmten öffentlichen Struktur sein können, ist eine empirische Frage. Das angebliche innere Ding kann weder erkannt (Descartes) noch benutzt (britische Empiristen) werden. Hume sorgte sich zu Unrecht über den fehlenden Blauton – nicht, weil ein Mensch ihn sich vorstellen konnte oder nicht oder weil man uns von seiner erfolgreichen Vorstellung des Blautons überzeugen konnte oder nicht, sondern weil das innere Bild notwendigerweise irrelevant und die Beherrschung des Begriffs eine öffentliche Kompetenz ist. Was zählt, ist, ob ich an der Ampel anhalte, und nicht das Vorhandensein oder Nichtvorhandensein meiner Farbvorstellungen. Ich erkenne, was meine Sinne mir zeigen, mittels der öffentlichen Schemata, die ich gelernt habe; und es kann auch auf keine andere Weise von mir *gewusst* werden, da Wissen mit der Starrheit einhergeht, die ein öffentlicher Test mit sich bringt. Wittgenstein fasst dies in den *Untersuchungen* folgendermaßen zusammen: »Wenn man die Grammatik des Ausdrucks der Empfindung nach dem Muster von ›Gegenstand und Bezeichnung‹ konstruiert, dann fällt der Gegenstand als irrelevant aus der Betrachtung heraus.«[4]

Von diesem Argument, das schon im Fall von »rot« unbarmherzig durchschlägt, könnte man meinen, dass es noch unbarmherziger durchschlägt im Fall der viel schattenhafteren inneren Entitäten, die man für die »Gegenstände« halten könnte, von denen mentale Begriffe »Bezeichnungen« sind. Denn man könnte ja auf eine quasiunsinnige Weise zu sich selbst sagen, meine Rotempfin-

4 Ludwig Wittgenstein, *Philosophische Untersuchungen*, Frankfurt am Main 2022 (1953), S. 164. A. d. Ü.

dung sieht, wenn ich Philosophie betreibe, so aus wie etwas, das ich im Privaten »habe«; und wenn ich noch nicht mal dieses deutliche kleine Ding als mein eigenes privates Datum »behalten« darf, warum sollte ich dann davon ausgehen, solch hoffnungslos schwammige innere Phänomene, die mit Begriffen wie »Entscheidung« und »Begehren« verbunden sind, behalten zu dürfen? Gewiss sollte ich doch in den letzteren Fällen noch bedenkenloser bereit sein, mich auf das »äußere« Antlitz des Begriffs zu berufen, da das innere so vage ist. Ich möchte kurz innehalten und dies näher erläutern, um die Kraft des genetischen Arguments im Falle mentaler Begriffe klar herauszuarbeiten.

Wittgenstein diskutiert natürlich in diesem Kontext nicht nur physikalische, sondern auch mentale Begriffe. Doch seine Diskussion ist hier von eigentümlicher Zurückhaltung geprägt. Er macht keinerlei moralische oder psychologische Generalisierungen. Er beschränkt sich darauf zu bemerken, dass ein mental-begriffliches Verb, das in der ersten Person verwendet wird, kein Bericht von etwas Privatem ist, da es ohne Überprüfungsmöglichkeit keinen Sinn macht, von sich zu sagen, dass man recht oder unrecht habe. Wittgenstein behauptet weder, dass innere Daten »nicht kommunizierbar« seien, noch, dass aus deren »Abwesenheit« irgendetwas Besonderes über die menschliche Persönlichkeit folge, er sagt lediglich, dass der Idee eines »inneren Objekts« kein Sinn beigemessen werden kann. Es gibt keine »inneren hinweisenden Definitionen«.[5] Ob Wittgenstein damit recht hat zu sagen, dass wir der Idee eines Irrtums darüber, wie die Dinge *scheinen*, keinen Sinn beimessen können, und ob sich daraus irgendwelche legitimen Schlussfolgerungen über die menschliche Natur ziehen lassen, werde ich später erörtern. Nun möchte ich mir die Schlussfolgerungen, die (nicht von ihm) gezogen *wurden*, und die weiterentwickelte Form des Arguments anschauen, wie wir sie in verschiedenen Variationen bei Hampshire, Hare, Ayer, Ryle und anderen finden.

Wie ich bereits gesagt habe, scheint das Argument umso mehr an Kraft zu gewinnen, je offenkundiger schattenhaft das angebliche innere Datum wird und gar auf unverantwortliche Weise zur Abwesenheit tendiert. In solchen Fällen sind rein empirische Überle-

5 Möglicherweise ein Verweis auf Wittgenstein, *Philosophische Untersuchungen*, S. 191: »Du steuerst immer wieder auf eine innere hinweisende Erklärung hin«. A. d. Ü.

gungen (der empirische Teil (b) von oben) besonders von Gewicht. Ich sage: »Nun, ich muss mich entscheiden. Also gut. Ich gehe.« Vielleicht passiert hier gar nichts Introspezierbares? Und selbst wenn etwas Introspezierbares passiert, dann ist *das* nicht die Entscheidung. Hier sehen wir, was damit gemeint ist, wenn von einer genetischen Analyse gesprochen wird. Wie *lerne* ich den Begriff der Entscheidung? Indem ich jemanden sehe, der »Ich habe entschieden« sagt und dann handelt. Wie sonst sollte ich ihn lernen? Und damit lerne ich auch alles Wesentliche. Ich mache keinen »Schritt« von einem behavioristischen Begriff zu einem mentalen. (Da die normale Sprache, die »irreführenderweise« das Mentale mit dem Inneren verbindet, ohne Umschweife das Physische mit dem Äußeren verbindet, wäre eine genetische Analyse von physikalischen Begriffen nicht sehr aufschlussreich.) Eine Entscheidung entpuppt sich bei näherer Betrachtung nicht als introspezierbare Bewegung. Der Begriff hat keine weitere innere Struktur; er *ist* seine äußere Struktur. Nehmen wir ein noch klareres Beispiel. Wie halte ich Wut und Eifersucht auseinander? Gewiss nicht, indem ich zwischen zwei Arten privater mentaler Daten unterscheide. Bedenken Sie, wie ich »Wut« und »Eifersucht« *gelernt* habe. Was eine Emotion kennzeichnet, ist nicht die Anwesenheit eines bestimmten privaten Objekts, sondern das Vorhandensein eines typischen äußeren Verhaltensmusters. Das impliziert übrigens auch, dass wir uns bei den Bezeichnungen, die wir unseren eigenen mentalen Zuständen geben, irren können.

Dies ist nun der Punkt, an dem nicht wenige anfangen werden zu protestieren, aufzuschreien und zu sagen, dass ihnen etwas genommen wurde. Ganz bestimmt gibt es doch so etwas wie eine Entscheidung, der keine Handlung folgt? Ganz bestimmt gibt es doch *private* Entscheidungen? Ganz bestimmt gibt es doch etliche Dinge, mal leichter und mal weniger leicht zu identifizieren, sozusagen im Orbit des inneren Kosmos? Es ist nicht still und dunkel im Inneren, wie das Argument zu implizieren scheint. Philosoph:innen werden wenig beunruhigt auf diese Proteste reagieren. Natürlich kann der Redeweise »Er entschied sich, aber tat es nicht« ein Sinn beigemessen werden: Er sagte, dass er gehen werde, und wir hatten Grund zur Annahme, dass er gehen werde, aber ein Backstein fiel ihm auf den Kopf. Oder die Annahme seines Gehens passte zu vielem anderen, was er sagte und tat, und doch ging er nicht. Doch all das ist genauso öffentlich, genauso wenig privat wie die tatsächliche Umsetzung der Entscheidung. Und zugegebenermaßen ist es schwierig, wenn man darüber nachdenkt, der Idee einer nicht umgesetzten Entscheidung mittels irgendeiner anderen Methode Sinn zuzuschreiben, sowohl in unserem eigenen Fall als auch in dem eines anderen Menschen. Gibt es »private« Entscheidungen? Ich sagte einige Worte zu mir selbst. Aber traf ich wirklich eine Entscheidung? Um diese Frage zu beantworten, untersuche ich den *Kontext* meiner Ankündigung, nicht ihren privaten Kern.

Hier wird erwidert werden, das sei alles schön und gut, es *gibt* aber doch zweifellos introspezierbare Objekte, die wir ausmachen können? Wir *haben* ja Vorstellungen, reden mit uns selbst usw. Impliziert die genetische Analyse, dass dies alles nichts und nichtig ist? Nun, könnte geantwortet werden, schauen wir sie uns mal an. Man könnte diese Daten nach Graden der Schattenhaftigkeit grob einteilen in visuelle Vorstellungen, verbale Gedanken und andere Vorstellungen, andere Gedanken und Gefühle, die, auch wenn sie nicht verbal oder visuell sind, so doch »Entitäten« zu sein scheinen. Für sie alle gilt, dass ich sie anderen Menschen nicht zeigen kann. Natürlich kann ich sie in begrenztem Umfang beschreiben: Ich kann meine bildlichen Vorstellungen beschreiben oder die Worte aussprechen, die ich in meinem Kopf »sage«; auch kann ich meine mentalen Zustände metaphorisch beschreiben. (Ryle diskutiert diese »Chroniken« und »Geschichten« des Denkens in *Aristotelian Society Supplementary Volume* 1952). Aber worauf läuft das hinaus? Diese Daten, vager und weniger häufig, als man unreflektiert zunächst annehmen mag, können nicht beanspruchen, »das Ding selbst« zu sein, von dem meine zum Ausdruck gebrachten Gedanken berichten. Man beachte, dass ich meine Beschreibungen in normalen öffentlichen Worten darbiete, deren Bedeutung normalen öffentlichen Regeln unterliegt. Innere Worte »bedeuten« auf genau die gleiche Weise, wie äußere Worte es tun; und ich kann nur deshalb »Kenntnis« meiner bildlichen Vorstellungen haben, weil ich die öffentlichen Dinge kenne, »von« denen sie Vorstellungen sind. Öffentliche Begriffe besitzen in diesem augenscheinlichen Sinn Deutungshoheit über private Objekte; selbst zu meinem eigenen Nutzen kann ich das Innere nur mittels meiner Kenntnis des Äußeren »identifizieren«. In jedem Fall aber gibt es keine Möglichkeit, die Richtigkeit solcher Beschreibungen zu überprüfen, und, wie Wittgenstein sagt, »Wozu diese Zeremonie?«[6]. Wer, außer vielleicht empirischen Psycholog:innen, interessiert sich für angebliche Berichte von *rein* Innerlichem? Und selbst Psycholog:innen haben heute große Zweifel am Wert solcher »Evidenz« der Introspektion. Ob ich wirklich dies oder jenes denke oder dies oder jenes entscheide, oder wütend, eifersüchtig oder erfreut bin, wird und kann angemessenerweise nur vom öffentlichen Kontext bestimmt werden, wie skizzenhaft und unausgereift dieser auch sein mag. Dass ich die Entscheidung traf, X zu tun, ist dann wahr, wenn ich aufrichtig sagte, dass ich X tun würde, und es dann tat, selbst wenn überhaupt nichts Introspezierbares passierte. Umgekehrt kann etwas Introspezierbares passieren, aber wenn kein äußerer Kontext da ist, dann kann es nicht Entscheidung genannt werden. In den Worten Wittgensteins: »Das Rad gehört nicht zur Maschine, das man drehen kann, ohne daß Anderes sich mitbewegt«.[7]

Mir scheint, dass diese radikalen Argumente in einem bestimmten Bereich vollkommen schlüssig sind. Sie lösen tatsächlich bestimmte Probleme, mit denen der britische Empirismus zu kämpfen hatte, auf klare und eindeutige Weise. Indem sie das irreführende Bild des unfehlbaren inneren Auges zerstören, ermöglichen sie eine deutlich verbesserte Lösung beispielsweise der Probleme der Wahrnehmung und der Universalien. Vieles von dem, was bei Hume und Berkeley dem gesunden Menschenverstand zuwiderläuft, kann so aus dem Weg geräumt werden. Doch während Wittgenstein sphinxartig im Hintergrund bleibt, zögern andere Philosoph:innen wie erwähnt nicht damit, weitere und dubiosere Schlussfolgerungen über Moral und Psychologie zu ziehen. Wittgenstein hat eine Leerstelle geschaffen, die Neokantianismus, Existentialismus, Utilitarismus eilig besetzt haben. Und man beachte, auf welch plausible Weise die Argumente – in ihrem Prestige durch unbestreitbare Erfolge in anderen Disziplinen bestärkt – das von mir oben skizzierte Bild der Persönlichkeit zu unterstützen, ja uns aufzudrängen scheinen. Weil das »Innenleben« nebulös, größtenteils abwesend und in jeglicher Hinsicht »kein Teil der Maschine« ist, stellt es sich heraus, dass es *logisch* unmöglich ist, eine untätige, kontemplative Einstellung dem Guten gegenüber einzunehmen. Moral muss

6 Wittgenstein, *Philosophische Untersuchungen*, S. 151. A. d. Ü.
7 Ebd., S. 156. A. d. Ü.

Handlung sein, da mentale Begriffe nur genetisch analysiert werden können. Offensichtlich sind Metaphern der Bewegung und nicht des Sehens angebracht. Mit voller Unterstützung der Logik verabscheut die Moral das Private. Erlösung durch Werke[8] ist eine begriffliche Notwendigkeit. *Was* ich tue oder bin, ist nichts Privates und Persönliches, sondern es wird mir zugesprochen, in dem Sinne, dass es nur durch öffentliche Begriffe und objektiv Beobachtende identifizierbar ist. Selbstwissen ist etwas, das sich öffentlich zeigt. Gründe sind öffentliche Gründe, Regeln sind öffentliche Regeln. Gründe und Regeln stellen eine Art unpersönliche Tyrannei dar, der der persönliche Wille als perfekte Freiheit gegenübersteht. Die Maschine ist unerbittlich, doch bis zum Moment der Entscheidung befindet sich der Akteur außerhalb der Maschine. Moral befindet sich am Punkt der Handlung. Was ich »objektiv« bin, entzieht sich meiner Kontrolle; Logik und die Beobachtenden entscheiden das. Was ich »subjektiv« bin, ist ein ungebundener, einsamer, substanzloser Wille. Die Persönlichkeit schrumpft zusammen auf einen Punkt puren Willens.

Es ist alles andere als leicht, diese äußerst gut gegen Angriffe geschützte Position anzugreifen; und, wie ich bereits sagte, unser Temperament hat einiges damit zu tun, ob wir überhaupt einen Angriff wagen *wollen* oder ob wir uns zufriedengeben. Ich gebe mich nicht zufrieden. Ich möchte damit beginnen, vorsichtig eine alternative Sicht auf die Dinge nahezulegen, wobei ich diese warnenden Worte Wittgensteins beherzigen möchte: »Nicht umhinkönnen – wenn wir uns philosophischen Gedanken hingeben –, das und das zu sagen, unwiderstehlich dazu neigen, dies zu sagen, heißt nicht, zu einer *Annahme* gezwungen sein, oder einen Sachverhalt unmittelbar einsehen, oder wissen.«[9]

Für den Rest der Diskussion wird es nützlich sein, ein Beispiel zur Hand zu haben: einen Gegenstand, den wir alle mehr oder weniger visualisieren und auf den wir uns hin und wieder beziehen können. Alle möglichen Dinge wären hier geeignet, und ich war zunächst versucht, auf ein Beispiel eines *Rituals*, etwa eines religiösen Rituals, bei dem die innere Zustimmung die tatsächliche Handlung

8 Dies ist eine Anspielung auf die theologische Streitfrage, ob der Glaube allein zur Erlösung genügt oder ob die Erlösung durch Werke verdient werden muss. A. d. Ü.

9 Wittgenstein, *Philosophische Untersuchungen*, S. 165. A. d. Ü.

zu sein scheint, zurückzugreifen. Ritual: ein äußerer Rahmen, der ein inneres Ereignis zugleich anstößt und seinem Wesen nach bestimmt. Man kann argumentieren, dass ich ein Versprechen gebe, indem ich die Worte »Ich verspreche es« äußere: eine performative Äußerung. Aber bereue ich, in einem religiösen Kontext, indem ich aufrichtig die Worte »Ich bereue es« sage, und tut es mir »furchtbar leid«, wenn ich bloß in einer passenden Situation sage, dass es mir furchtbar leidtut? Selbst wenn ich anschließend damit beginnen sollte, meinem Leben eine positive Wendung zu geben, können wir uns wirklich sicher sein, dass diese Ereignisse stattgefunden haben? Das ist nicht klar und definitiv eine schwierige und interessante Frage. Ich habe mich dennoch entschieden, kein religiöses Beispiel zu nehmen, da die Befürchtung naheliegt, dass dies spezielle Schwierigkeiten mit sich bringen könnte. Stattdessen nehme ich etwas Gewöhnlicheres und Alltäglicheres. Hier ist mein Beispiel.

Eine Mutter, die ich M nennen werde, steht ihrer Schwiegertochter, die ich S nennen werde, sehr ablehnend gegenüber. S mag das Herz am rechten Fleck haben, doch M hält sie für, wenn auch nicht gerade gewöhnlich, so doch etwas ungeschliffen, und vermisst eine gewisse Würde und Kultiviertheit. S neigt dazu, vorlaut und direkt zu sein, sie folgt gesellschaftlichen Gepflogenheiten zu wenig, ist oft kurz angebunden, manchmal gar frech, immer auf ermüdende Weise unreif. M mag weder Ss Akzent noch die Art und Weise, wie sie sich kleidet. M glaubt, dass ihr Sohn unter Wert geheiratet hat. Wir nehmen weiter zum Zwecke des Beispiels an, dass die Mutter, die eine sehr »korrekte« Person ist, sich S gegenüber durchweg tadellos verhält und ihre wahre Meinung in keiner Weise durchscheinen lässt. Wir könnten diesen Aspekt des Beispiels dadurch unterstreichen, dass wir annehmen, dass das junge Paar emigriert oder S mittlerweile gestorben ist: Der Punkt hier ist sicherzustellen, dass dasjenige, was *vor sich geht*, komplett in Ms Geist vor sich geht.

So viel zu Ms anfänglichen Gedanken über S. Die Zeit vergeht, und es könnte sein, dass M ein bitteres Wehgefühl und ein festes Bild von S zur Gewohnheit geworden ist, dass sie im Klischee gefangen ist (wenn mir diese Stipulation gestattet sei): Mein armer Sohn hat ein albernes und vulgäres Mädchen geheiratet. Nun ist es aber so, dass die M unseres Beispiels eine intelligente Person mit guten Absichten ist, zur Selbstkritik fähig und in der Lage, einem Objekt, mit dem sie konfrontiert ist, umsichtige und gerechte *Aufmerksam-*

keit[10] zu schenken. M sagt zu sich selbst: »Ich bin altmodisch und konservativ. Vielleicht habe ich Vorurteile und bin zu engstirnig. Vielleicht bin ich ein Snob. Ganz gewiss bin ich eifersüchtig. Ich sehe besser nochmal genauer hin.« Hier nehme ich nun an, dass M S betrachtet oder zumindest ganz bewusst über S nachdenkt, bis sich ihre Sicht auf S allmählich verändert. Wenn wir nun noch davon ausgehen, dass S weiter weg lebt oder gar gestorben ist, hilft dies zu verdeutlichen, dass die Veränderung nicht in Ss Verhalten, sondern in Ms Geist zu finden ist. M lernt S wirklich kennen: S ist nicht vulgär, sondern erfrischend unkompliziert, nicht unziemlich, sondern spontan, nicht laut, sondern fröhlich, nicht anstrengend unreif, sondern auf entzückende Weise jugendlich und so weiter. Und ich möchte *ex hypothesi* betonen, dass Ms Verhalten gegenüber S, das ja von Anfang an tadellos war, sich in keiner Weise verändert.

Ich habe gerade Worte wie »gerecht« und »intelligent« benutzt, die ein positives Werturteil über Ms Aktivität implizieren: Und ich möchte mir tatsächlich einen Fall vorstellen, bei dem man Ms Veränderung der Sichtweise gutheißen würde. Doch natürlich kann es im echten Leben, und das ist durchaus wichtig, sehr schwierig sein zu beurteilen, ob das, was M getan hat, richtig war oder nicht – und die Meinungen könnten hier auseinandergehen. M könnte von verschiedenen Motiven bewegt sein: einem Sinn für Gerechtigkeit, dem Versuch, S ins Herz zu schließen, Liebe zu ihrem Sohn oder schlicht dem Widerwillen, von ihm denken zu müssen, dass er unglücklich sei oder einen Fehler begangen habe. Manche Leute würden sagen: »Sie macht sich was vor«, während andere sagen würden, dass sie aus Liebe oder Gerechtigkeit handelte. Ich stelle mir einen Fall vor, für den ich die letztere Beschreibung treffend finden würde.

10 Im Original heißt es hier »capable of giving careful and just attention«. Wie im Weiteren ersichtlich wird, ist der Begriff *attention* für Murdoch zentral. Er beschreibt eine offene, zugewandte, aufmerksame Haltung gegenüber Personen und anderen Objekten und wird mit Attributen wie *careful, just, loving* etc. näher bestimmt. Die Übersetzung von *attention* als Aufmerksamkeit ist nicht immer optimal, zumal es im Deutschen kein dazugehöriges Verb gibt, das das Englische *to attend* (oder das Französische *attendre* – Murdoch übernimmt den Begriff der Aufmerksamkeit von Simone Weil) wiedergeben kann. Gerade in diesen beiden Verbformen kommt zusätzlich eine wartende, unterordnende, dienende Haltung zum Ausdruck, die im Deutschen eher im Hintergrund steht. A. d. Ü.

Natürlich könnte das, was in diesem Beispiel *passiert*, auch anders beschrieben werden. Ich habe mich entschieden, es schlicht anhand eines Austauschs einer Gruppe normativer Attribute gegen eine andere zu beschreiben. Es könnte beispielsweise auch mit Fokus auf Ms visuelle Vorstellungen oder mit einfachen oder komplexen Metaphern beschrieben werden. Doch wenden wir uns nun dem zu, was »es« eigentlich genau ist, das beschrieben wird. Man könnte argumentieren, dass hier nichts vorliegt, was besondere Schwierigkeiten bereitet. Um zu einem moralischen Urteil zu gelangen, können wir »Handlungen« auf verschiedene Weisen definieren. In diesem Fall läge eine Weise darin zu sagen, dass M sich entschied, S gut zu behandeln, und dies dann tat; dann würden Ms private Gedanken unwichtig und moralisch irrelevant. Wenn es jedoch gewünscht sein sollte, dass die Liste von Ms moralischen Taten mehr beinhaltet als das, was Ms äußeres Verhalten zeigt, dann wird man sich über dieses Extramaterial folgende Fragen stellen müssen: In welchem Sinn ist es »moralisch« und in welchem Sinn eine »Tat«? Wenn natürlich Ms Gedanken der Prolog zu *anderen* äußeren Taten sein sollten, dann könnte man ihnen zugestehen, den Taten als ihre »Schatten« »anzugehören« und von ihnen ihre Identität und ihre Wichtigkeit zu bekommen – obwohl es äußerst schwierig bleiben dürfte, den inneren Teil zu identifizieren und ihn mit dem äußeren Teil als seiner Bedingung in Verbindung zu bringen. Was aber sollen wir im vorliegenden Fall sagen?

Hampshire sagt uns: »Im Gegensatz zu Tagträumereien kann das Denken nur als auf einen Abschluss zielend gedacht werden, ob in einer Handlung oder einem Urteil. [...] Die Idee des Denkens als eines inneren Monologs [...] wird gänzlich leer, wenn der Gedanke nicht einmal vorgibt, auf seinen Sachverhalt in der externen Welt gerichtet zu sein. Unter diesen Bedingungen würden sich Gedanken und Überzeugungen von mantraartigem und habituellem Aufsagen von Phrasen oder dem bloßen Treibenlassen der Ideen durch den Geist nicht unterscheiden.« Was sich an dieser Stelle einzuschleichen versuchen könnte, wir aber außen vor lassen sollten, ist der Blick Gottes. Wenn Ms mentale Vorgänge in ihrer Existenz und Wichtigkeit nicht von diesem metaphysischen Zeugen abhängig sein sollen, wollen und können wir sie dann vor dem Schicksal retten, bloße Nichtigkeiten zu sein, bestenfalls beschreibbar als Tagträumereien?

Es wäre natürlich möglich, Ms Innenleben folgendermaßen

einen *hypothetischen* Status zu geben: »Dass sich Ms Sichtweise auf S geändert hat, *bedeutet*, dass M nun andere Dinge über sie sagen würde als noch vor drei Jahren, wenn sie frei heraus ihre Meinung über S kundtun würde.« Diese Analyse vermeidet einige Schwierigkeiten, doch stößt sie, ähnlich wie der Phänomenalismus, auf andere. Die hypothetische Aussage könnte prinzipiell auch dann wahr sein, wenn in der Zwischenzeit überhaupt nichts in Ms Geist passiert wäre. Und natürlich äußert sich ein Sinneswandel oft dergestalt, dass eine neue Ansicht kundgetan wird, ohne dass irgendein introspezierbares Material interveniert hätte. Aber *ex hypothesi* gibt es hier etwas Introspezierbares, das vor sich gegangen ist, egal wie nebulös es auch sein mag, und es ist sein Status, um den es geht. Der Grundgedanke, den wir verstehen wollen, ist der, dass M in der Zwischenzeit *aktiv* war, dass sie etwas *getan* hat, etwas, das wir befürworten, etwas, das es wert ist, um seiner selbst willen getan zu werden. M war in der Zwischenzeit moralisch aktiv: Das ist es, was wir sagen wollen und was uns philosophisch erlaubt sein muss zu sagen.

An diesem Punkt könnte der Verteidiger der, wie ich sie genannt habe, existentialistisch-behavioristischen Position wie folgt argumentieren: Nun gut. Entweder geht in M nichts Introspezierbares vor, in welchem Fall es schwer zu verstehen ist, was damit gemeint sein könnte, wenn man sagt, dass sie ihre Meinung geändert hat, da ihr Verhalten ja gleichbleibend war – es sei denn, man sagt, dass hier eine hypothetische Proposition wahr ist, von der niemand wissen kann, dass sie wahr ist; oder es geht in M etwas Introspezierbares vor, in welchem Fall wir uns das mal näher anschauen sollten. M könnte sich vorstellen, wie sie bestimmte Dinge zu S sagt, könnte S im Geist verbal beschreiben, könnte über visuelle Vorstellungen von S nachgrübeln. Aber was bedeuten diese Vorgänge? Was kann hier als ernstes Urteil zählen im Gegensatz zu »mantraartigem und habituellem Aufsagen von Phrasen«? Es ist wahrscheinlich, dass sich Ms Introspektabilia bei näherer Betrachtung als nebulös und schwer beschreibbar herausstellen; und selbst wenn wir uns (bestenfalls) M so vorstellen, dass sie klare verbale Aussagen an sich selbst richtet, dann ist die Bestimmung und Bedeutung dieser Sätze eine Aufgabe der öffentlichen Welt. Sie kann nur dann als ernsthaft »sprechend« und nicht papageienartig plappernd gedacht werden, wenn der äußere Kontext es logisch zulässt.

In Klammern mag man vielleicht hinzufügen, dass auch der Punkt gemacht werden kann, dass die Identität innerer Gedanken mittels der öffentlichen Bedeutung der Symbolik etabliert wird, die im Denken verwendet wird. (Vgl. z. B. Ayer, »Thinking and Meaning«.) Dies sollte ein Geltendmachen von »unaussprechlichen Erfahrungen« etc. unterbinden. In letzter Zeit haben es Philosoph:innen vorgezogen, die »Schatten«-Auffassung zu betonen, d. h., sie haben den bestimmten Sinn eines Gedankens vermittels des Kontexts betrachtet und nicht den allgemeinen Sinn des Gedankens vermittels der Symbole. Doch ich denke, es lohnt sich, diese Punkte auseinanderzuhalten. Sie zeichnen zwei komplementäre Bilder vom »Selbst« oder vom »Willen« als außerhalb des Netzwerks logischer Regeln, frei in der Entscheidung, wo die eigene Tyrannei riskiert werden kann, doch anschließend gefangen in einem unpersönlichen Gefüge. Ich kann entscheiden, was ich sage, doch nicht, was die Worte bedeuten, die ich gesagt habe. Ich kann entscheiden, was ich tue, bin aber nicht Herr über die Bedeutung meiner Handlung.

Jemand, der privat oder öffentlich sagt »Ich habe entschieden«, der aber selbst unter günstigsten Umständen nie handelt (so weiter das existentialistisch-behavioristische Argument), hat nicht entschieden. Private Entscheidungen, die öffentlichen Handlungen vorhergehen, können als Schatten der Handlung gedacht werden. Sie erlangen diesen Titel dadurch, dass sie Teil des Gesamtkomplexes sind, der korrekterweise »Entscheidung« genannt wird – obwohl selbst hier der Begriff »Entscheidung«, sollte er auf den inneren Teil angewandt werden, ein reiner Ehrentitel wäre, da es keinerlei Möglichkeiten zur Überprüfung gibt, was die Natur oder Existenz des inneren Teils und seiner Verbindung mit dem äußeren angeht. Nichtsdestoweniger ist das die Situation, in der wir völlig unbedarft und gängig von »privaten Entscheidungen« oder »inneren Handlungen« sprechen, d. h., bei der eine Art äußere Struktur gegeben ist und wir, wenn wir mögen oder vielleicht gar natürlicherweise, uns auch einen inneren Teil vorstellen. In Ms Fall allerdings ist es zweifelhaft, ob dem Gedanken von »Aktivität« hier Sinn beigemessen werden kann, da keine äußere Strukturveränderung vorliegt, die mit einer angeblichen inneren Veränderung übereinstimmen könnte, keine Sequenz äußerer Vorkommnisse, von denen die inneren behaupten könnten, Schatten zu sein. Der angestrebte kategorische

Sinn von Ms innerem Fortschritt muss auf den oben genannten hypothetischen Sinn zurückfallen. Und von der hypothetischen Proposition kann niemand wissen, dass sie wahr ist, nicht einmal M, und sie könnte wahr sein, ohne dass überhaupt irgendetwas in Ms Geist passiert. Dementsprechend stellt sich der Gedanke von M als *im Inneren* aktiv als leer heraus. Es gibt nur äußere Aktivität, ergo nur äußere moralische Aktivität, und was wir innere Aktivität nennen, ist bloß der Schatten, der hiervon zurück in den Geist geworfen wird. Und, so mag man ermutigend hinzufügen, wozu sich Sorgen machen? Wie Kant schon sagte, wir sind gehalten unseren Nachbarn auf praktische, nicht pathologische, Weise zu lieben.

Dies ist einer dieser leidigen Momente in der Philosophie, in denen man schonungslos daran gehindert zu werden scheint, das zu sagen, was man unbedingt sagen möchte. Und natürlich muss, wie Wittgenstein betonte, die Tatsache, dass man etwas unbedingt sagen möchte, nicht bedeuten, dass irgendetwas *anderes* der Fall ist. Wir müssen hier vorsichtig vorgehen. In meiner Gegenreaktion zur obigen Analyse gibt es gewiss eine Sache, die ich *nicht* behaupten möchte, und das ist, dass wir eine unfehlbare oder privilegierte Kenntnis von unseren eigenen mentalen Zuständen haben. Wir können uns darüber irren, was wir denken und fühlen: Das steht nicht infrage, und in der Tat ist es eine Stärke der behavioristischen Analyse, dass sie diese Tatsache so sauber einfängt. Worum es mir geht, ist etwas anderes, etwas, das mit *Aktivität* zu tun hat, nicht aber im Sinn privilegierter Aktivität.

Ich möchte nun ungeachtet der Analyse auf grobe, ganz gewöhnliche Weise und noch ohne jede Begründung versuchen zu sagen, was meiner Ansicht nach bei M vor sich geht: Eine Ansicht, die mit der Analyse nicht übereinstimmt und die zeigt, wenn sie wahr ist, dass die Analyse nicht korrekt sein kann. Die Analyse sieht M als »von außen nach innen« charakterisiert an: Ms Individualität liegt in ihrem Willen, verstanden als ihre »Bewegungen«. Die Analyse misst der Vorstellung, dass M kontinuierlich aktiv ist, dass sie Fortschritte macht, keinen Sinn bei, genauso wenig wie der Vorstellung, dass ihre inneren Akte zu ihr gehören oder einen Teil eines kontinuierlichen Seinsgewebes *(fabric of being)* bilden: Im Gegenteil, sie steht Metaphern wie »Seinsgewebe« gerade kritisch gegenüber. Doch können wir hier ohne solche Metaphern auskommen? Drängt sich ferner die Metapher des Sehens demjenigen, der ohne philosophische Vorurteile die Situation beschreiben möchte, nicht geradezu unwiderstehlich auf? Ist sie nicht die natürliche Metapher? M *sieht* S *an*, sie wendet sich ihr zu, sie fokussiert ihre Aufmerksamkeit. M befindet sich in einem inneren Kampf. Vielleicht ist sie beispielsweise versucht, sich mit karikierenden Vorstellungen über S zu mokieren. (In dem anderen Bild ist merkwürdig wenig Platz für den Gedanken eines *Kampfes*.) Und Ms Aktivität hier ist keineswegs etwas besonders Seltsames und Nebulöses, sondern etwas, das uns auf eine Art überaus vertraut ist. Unzählige Romane enthalten Darstellungen davon, wie derlei Kämpfe sich abspielen. Jeder und jede von uns könnte einen solchen Kampf beschreiben, ohne um Worte verlegen zu sein. Ms Aktivität kann, wie erwähnt, auf verschiedene Weisen beschrieben werden, aber eine sehr natürliche Weise besteht in der Verwendung spezialisierter normativer Worte, die man im Gegensatz zu primären und allgemeinen Worten wie »gut« als sekundäre Moralworte bezeichnen könnte. M hört auf, S als »anmaßend« zu sehen, und sieht sie als »fröhlich« etc. Ich werde später auf die Wichtigkeit dieser sekundären Worte eingehen. Des Weiteren fühlt man sich gezwungen, Dinge zu sagen wie: Ms Aktivität ist auf eigentümliche Art und Weise *ihre eigene*. Die Details der Aktivität sind die Details *dieser* Persönlichkeit; und unter anderem aus diesem Grund kann es durchaus sein, dass es eine Aktivität ist, die nur privat ausgeübt werden kann. M könnte *diese* Sache nicht im Gespräch mit einer anderen Person *tun*. Hampshire sagt, dass »alles, was als eine definitive Realität zählen soll, verschiedenen Beobachtenden zugänglich sein muss«. Aber kann diese quasinaturwissenschaftliche Vorstellung der Individuierung durch nicht weiter bestimmte Beobachtende wirklich auf einen Fall wie diesen angewandt werden? Hier gibt es eine Aktivität, aber keine Beobachtenden; und wenn man die Idee potentieller Beobachtender einbringen möchte, so würde sich immer noch die Frage nach deren *Kompetenz* stellen. Ms Aktivität ist schwer zu charakterisieren, nicht weil sie nebulös, sondern *gerade weil sie moralisch ist*. Und hiermit nähern wir uns nun, wie ich in Kürze zu erklären versuchen werde, dem Kern der Schwierigkeit.

Was M *ex hypothesi* versucht, ist nicht nur S möglichst genau zu sehen, sondern sie auf gerechte oder liebende Weise zu sehen. Man beachte das doch sehr anders geartete Bild der Freiheit, das uns damit direkt nahegelegt wird. Freiheit ist nicht das plötzliche

Springen eines isolierten Willens in ein unpersönliches logisches Gefüge hinein und wieder aus ihm hinaus, sie ist eine Funktion des fortschreitenden Versuchs, einen bestimmten Gegenstand klar zu sehen. Ms Aktivität ist dem Wesen nach etwas Fortschreitendes, etwas unendlich Perfektionierbares. Dieses neue Bild ist nicht nur weit davon entfernt, eine Art Unfehlbarkeit für sich zu beanspruchen, es enthält gar die Vorstellung einer notwendigen Fehlbarkeit. M arbeitet an einer unvollendbaren Aufgabe. Sobald wir damit anfangen, Worte wie »Liebe« und »Gerechtigkeit« in unserer Charakterisierung von M zu verwenden, führen wir in unser begriffliches Gesamtbild ihrer Situation die Idee des Fortschritts ein, d. i. die Idee der Vollkommenheit: Und es ist genau die Gegenwärtigkeit dieser Idee, die nach einer anderen begrifflichen Analyse mentaler Begriffe als der genetischen verlangt.

Bezüglich des existentialistisch-behavioristischen Bildes finde ich es nun sinnlos, mir endlos weiter den Kopf über die Identifikation bestimmter innerer Ereignisse zu zerbrechen und zu versuchen, eine Darstellung von M als »aktiv« zu verteidigen, indem ich so etwas wie eine Reihe unzweifelhaft objektiver kleiner Dinge vorlege. »Kein Bericht« muss nicht »keine Aktivität« bedeuten. Was wir stattdessen brauchen, um wirklich weiterzukommen, ist eine Veränderung der Tonart, eine Verlagerung des Angriffs hin zu einer anderen Front. Betrachten wir doch einmal kurz den vermeintlich so plausiblen Gedanken, dass Identität von Beobachtenden und Regeln abhängt, ein Gedanke, der uns direkt zur genetischen Analyse mentaler Begriffe bringt. Das hier ist wirklich rot, wenn verschiedene Leute bei der Beschreibung übereinstimmend einer Meinung sind – und in der Tat ist es das, was es bedeutet, wirklich rot zu sein. Er traf wirklich eine Entscheidung, grob gesagt, wenn die Leute übereinstimmend der Meinung sind, dass er die Regeln des Begriffs »entscheiden« einhielt. Zu entscheiden bedeutet, diese Regeln zu befolgen und der Akteur beurteilt das nicht allein. Handlungen bestehen im »Umherbewegen von Dingen in der öffentlichen Welt«, und was diese Bewegungen *sind*, obliegt der Entscheidung der objektiv Beobachtenden, die tatsächlich und potentiell zur Hand sind.

Wie ich bereits erwähnte, wendet Wittgenstein selbst diesen Gedanken weder auf moralische Begriffe an, noch diskutiert er, wie dieser Gedanke damit umgeht, dass einige mentale Begriffe einen

Teilbereich der Moral stellen. (Dass mentale Begriffe bis in den Bereich des Moralischen hineinreichen, ist für mein Argument genau der zentrale Punkt.) Aber er setzt dem Gedanken auch keine Grenze; und ich würde ihm gern eine Grenze setzen. Was es dieser Idee von Identifikation meiner Ansicht nach ermöglicht hat, zu weit zu gehen, ist unter anderem eine unkritische Auffassung von Wissenschaft, die da weitermacht, wo Hume aufhört.

Hume stellte sich eine Vielfalt von Atomen vor, harte, kleine, nicht anzweifelbare Sinnesdaten oder Erscheinungen, deren »nachträgliches« Arrangement die sogenannte materielle Welt bildete. Die kopernikanische Wende der modernen Philosophie (»Du kannst kein ›Wissen‹ von ›Erscheinungen‹ haben«) verschiebt den Begriff der Gewissheit von innen nach außen: Öffentliche Regeln bestimmen jetzt, was gewiss ist. Es mag noch immer strittig sein, ob man manchmal sinnvoll über »Irrtümer bezüglich einer Erscheinung« reden kann. Sicherlich gibt es hier Raum für Diskussion, doch diese Diskussion ist noch nie auf sehr radikale Weise geführt worden. Sie ist immer im Rahmen der allgemeinen Begrifflichkeiten der Wende verblieben; und obwohl die Wichtigkeit dieser Wende außer Frage steht, war sie dennoch bisher eigentlich nichts weiter als eine bloße Fortsetzung Humes mit anderen Mitteln. (Das Werk J. L. Austins beispielsweise ist ein detaillierter und brillanter Exorzismus der Idee von Sinneseindrücken. Indem er allerdings die alte, unpersönliche Atom-Welt Humes und Russels gegen eine unpersönliche Sprach-Welt austauscht, »rettet« er Erstere gewissermaßen.) Was Philosoph:innen zu charakterisieren, gar zu rechtfertigen versuchen, ist nach wie vor die Idee einer unpersönlichen Welt der Tatsachen: die harte, objektive Welt, aus der der Wille herausspringt, hinein in eine Position der Isolation. Was eine Tatsache definiert und ausmacht, wurde von einem Ort zu einem anderen verlegt, doch die radikale Idee der »Tatsache« ist weitestgehend gleich geblieben. Die Logik (unpersönliche Regeln) versorgt hier die Wissenschaft mit einem philosophischen Modell.

Was diesem Modell Schwierigkeiten bereitet, ist die Auffassung von Personen oder Individuen, eine Auffassung, die sich von Moral nicht trennen lässt. Das ganze uns so tief vertraute Vokabular von »Erscheinung« und »Realität«, ob im Gebrauch der alten britischen Empiristen oder der modernen, ist stumpf und krude, wenn wir es auf das menschliche Individuum anwenden. Man stelle sich beispielsweise einen Menschen vor, der ganz privat und nur für sich herauszufinden versucht, ob das, was er fühlt, Reue ist oder nicht. Natürlich unterliegt diese Untersuchung einigen öffentlichen Regeln, sonst wäre es nicht *diese* Untersuchung – und man könnte anzweifeln oder bestreiten, dass es wirklich diese Untersuchung ist. Doch lassen wir das einmal beiseite. Die fragliche Aktivität muss eine höchst persönliche bleiben, deren Festsetzung und Schematisierung durch »die unpersönliche Welt der Sprache«, gelinde gesagt, problematisch ist: Oder vielmehr ist es eine Aktivität, die die Existenz einer solchen unpersönlichen Welt infrage stellt. Hier macht ein Individuum einen spezialisierten persönlichen *Gebrauch* von einem Begriff. Natürlich erlangt es den Begriff anfangs aus seiner Umgebung; aber dann nimmt es ihn mit in seine private Sphäre. Begriffe dieser Art bieten sich für solche Gebräuche an; und welche Gebräuche von ihnen gemacht werden, wird zum Teil von der *Geschichte* des Gebrauchenden bestimmt. Hume und Kant, die beiden Schutzpatronen der modernen Philosophie, verabscheuen Geschichtlichkeit, jeder auf seine Weise, und sie verabscheuen diese bestimmte Art Privatheit, die von Geschichtlichkeit impliziert wird. Bestimmte Auffassungen von Logik und Wissenschaft verabscheuen Geschichtlichkeit ebenfalls.

Hat man aber erst einmal das geschichtliche Individuum »hereingelassen«, so müssen einige Dinge anders gesagt werden. Die Idee einer »objektiven Realität« beispielsweise verändert sich entscheidend, wenn sie nicht in Bezug auf »die Welt, wie sie von der Naturwissenschaft beschrieben wird«, sondern in Bezug auf das fortschreitende Leben einer Person verstanden wird. Das aktive »Neubewerten« und »Neudefinieren«, das ein Hauptcharakteristikum lebendiger Persönlichkeit ist, suggeriert und fordert oft ein Prüfverfahren, das von einer persönlichen Geschichte bestimmt ist. Reue kann für ein Individuum zu verschiedenen Zeiten in seinem Leben Verschiedenes bedeuten, und was es vollumfassend bedeutet, ist ein Teil dieses Lebens und kann einzig im Kontext verstanden werden.

Es gibt natürlich eine »Wissenschaft«, die sich speziell mit der Geschichte des Individuums befasst: die Psychoanalyse. Und es ist die Psychoanalyse, an die sich Professor Hampshire in seiner Entschlossenheit, auf keinen Fall mit der wissenschaftlichen Vorstellung des »Objektiven« zu brechen, schließlich wendet: Er lässt das Individuum ganz ordnungsgemäß herein, doch hofft er es auf diese Weise an der kurzen Leine zu halten. Mithilfe des gedanklichen Modells einer idealen Analyse liest Hampshire einen unpersönlichen Hintergrund in das individuelle Prüfverfahren hinein. Analytiker:innen sollen wir uns als irgendwie »da seiend« vorstellen, als ultimativ kompetente Bobachtende, die die Rolle des göttlichen Auges übernehmen. Hampshire erkennt an, dass es theoretisch, wenn auch nicht praktisch, möglich ist, »sich vollständigen Erklärungen von Neigungen und Verhalten in jedem individuellen Fall mittels einer konstanten Analyse anzunähern«. Aber warum sollte irgendein nicht näher bestimmter Psychoanalytiker das Maß aller Dinge sein? Psychoanalyse ist eine verworrene Wissenschaft, die noch in den Kinderschuhen steckt – und selbst wenn das nicht so wäre, gibt es kein mir bekanntes Argument, das uns zeigen kann, dass wir ihre Begriffe als grundlegend betrachten müssen. Die Vorstellung einer »idealen Analyse« ist irreführend. Es gibt keine existierende Reihe, deren Fortsetzung zu einem solchen Ideal führen könnte. Wir haben es mit einer *moralischen* Frage zu tun; und es geht hier um nichts weniger als die Befreiung der Moral, der Philosophie als Studium der menschlichen Natur, von der Vorherrschaft der Naturwissenschaft: oder vielmehr von der Vorherrschaft unpräziser Vorstellungen von Naturwissenschaft, die in den Köpfen von Philosoph:innen sowie anderer Denker:innen umherspuken. Wegen des bis vor Kurzem herrschenden Mangels an einer klaren Unterscheidung zwischen Philosophie und Naturwissenschaft hat sich dieses Problem noch nie so deutlich gezeigt. Die Philosophie hat in der Vergangenheit teils deshalb das Spiel der Naturwissenschaft gespielt, weil sie dachte, sie sei selbst eine Naturwissenschaft.

Der Existentialismus, sowohl in seiner kontinentalen wie auch in seiner angelsächsischen Version, ist ein Versuch, das Problem zu lösen, ohne sich ihm wirklich zu stellen: ein Versuch, es zu lösen, indem man dem Individuum eine leere, einsame Freiheit zuspricht, eine Freiheit, »selbst den Tatsachen zu trotzen«, sollte es das wünschen. In Wirklichkeit zeichnet er ein Bild von der angstvollen Einsamkeit des Individuums, wie es auf einer winzigen Insel inmitten eines Meeres naturwissenschaftlicher Tatsachen ausgesetzt ist, und von einer Moral, die der Naturwissenschaft nur durch einen wilden Sprung des Willens entkommt. Aber dieses Bild entspricht nicht unserer Lage. Um es einfach und mittels des Beispiels von M und ihrer Schwiegertochter auszudrücken: Selbst wenn M eine umfassende psychoanalytische Erklärung ihres Verhaltens gegenüber S vorläge, müsste sie sich von einer solchen Erklärung nicht leiten lassen. Das ist nicht nur deshalb der Fall, weil sie eine sinnlose, launische Freiheit besitzt, die es ihr ermöglicht, blind zu sein, oder weil sie (so die subtilere Sicht, die Hampshire bevorzugt) nun in der Lage ist, ihre psychischen Kräfte auf der Grundlage größeren Wissens neu zu bündeln. Sondern es ist der Fall, weil M in keiner Weise gezwungen ist, diese Begriffe zu übernehmen und in diesem Zug ein bestimmtes anderes Set an moralischen oder religiösen Begriffen aufzugeben. Die Naturwissenschaft kann die Moral an bestimmten Stellen instruieren und ihre Richtung ändern, doch sie kann sie – und damit auch die Moralphilosophie – nicht vereinnahmen. Die Wichtigkeit dieses Punkts kann leichter von einer Philosophie ignoriert werden, die Freiheit und Wissen voneinander trennt und die Wissen (infolge einer unhinterfragten Vorstellung von »unpersönlichen Gründen«) dem Bereich der Naturwissenschaft zuordnet. Aber Ms Unabhängigkeit von der Naturwissenschaft und von der »Welt der Tatsachen«, die die empiristische Philosophie nach dem naturwissenschaftlichen Bild erschaffen hat, besteht nicht einfach in ihrem bewegenden Willen, sondern in ihrem sehenden, wissenden Geist. Moralische Begriffe bewegen sich nicht *innerhalb* einer von Wissenschaft und Logik errichteten, harten Welt. Sie errichten, für andere Zwecke, eine andere Welt.

Ich möchte nun versuchen, positiver zu erklären, was es mit moralischen Begriffen auf sich hat, das sie so gänzlich aus dem Bereich des behavioristischen Ansatzes mit seiner genetischen Erklärung mentaler Phänomene herausfallen lässt. Zwei Ideen möchte ich hier verknüpfen: die Idee des Individuellen und die Idee der Vollkommenheit. Liebe ist Erkenntnis des Individuellen.[11] Die Auseinandersetzung mit S ist für M eine unvollendbare Aufgabe. Morali-

11 Im Original heißt es hier »love is knowledge of the individual«. Da Murdoch Liebe als Erkenntnisstreben auffasst und im weiteren Verlauf mit dem Blick von Kunstschaffenden gleichsetzt, die sich um eine möglichst wahrhafte Abbildung der bestimmten, kontingenten und eigenartigen Aspekte der Wirklichkeit bemühen, habe ich *the individual* hier mit »das Individuelle« übersetzt. Die andere Lesart wäre, hier von Liebe als Erkenntnis des Individuums zu sprechen. Vermutlich sind beide Lesarten intendiert. A. d. Ü.

sche Aufgaben sind charakteristischerweise unvollendbar, nicht nur weil unsere Bemühungen sozusagen »innerhalb« eines gegebenen Begriffs unvollkommen sind, sondern auch weil unsere Begriffe selbst, während wir uns bewegen und während wir hinschauen, im Wandel sind. Hier von einer unausweichlichen Unvollkommenheit zu sprechen, oder von einer idealen, sich uns stets entziehenden Grenze von Liebe oder Erkenntnis, könnte als Verweis auf unseren »gefallenen« Zustand als Sünder verstanden werden, doch muss dem keine besondere dogmatischen Bedeutung gegeben werden. Da wir weder Engel noch Tiere, sondern Menschen sind, sind unsere Interaktionen von Unvollkommenheit geprägt; und das kann schlicht als empirische Tatsache gesehen werden oder, sollte man diese Terminologie bevorzugen, als synthetische Wahrheit *a priori*.

Der Einzug der Vorstellung einer idealen Grenze in einen mentalen Begriff zerstört die genetische Analyse seiner Bedeutung. (Hampshire ließ die Idee der Vollkommenheit nur bei einem Begriff zu, nämlich dem der Absicht: Aber er versuchte, diesen Begriff vor der Moral zu retten, indem er als ideale Grenze eine naturwissenschaftliche setzte.) Wir wollen untersuchen, warum das so ist. Ist »Liebe« ein mentaler Begriff, und wenn ja, kann er genetisch analysiert werden? Ganz bestimmt liebte Marys kleines Lamm Mary,[12] d. h., es ging ihr hinterher und folgte ihr zur Schule; und in gewisser Hinsicht »lernen« wir sicherlich den Begriff, das Wort, in diesem Kontext. Aber bei einem solchen Begriff ist das gewiss nicht alles. (Es ist nicht mal ein Anfang.) Worte können uns hier in die Irre führen, da Worte oft gleich bleiben, während Begriffe sich ändern; wir haben mit vierzig eine andere Vorstellung von Mut als mit zwanzig. Es findet ein Prozess des Vertiefens oder zumindest des Veränderns und Verkomplizierens statt. Es gibt zwei Arten, auf die wir »wissen, was ein Wort bedeutet«: Die eine hängt mit der normalen Sprache zusammen, die andere tut dies deutlich weniger. Kenntnis eines Wertbegriffs ist etwas, das man sozusagen in der Tiefe verstehen muss und nicht im Sinne eines Einbiegens auf irgendein gegebenes, unpersönliches Schienennetz an einer voreingestellten Weiche. Wenn Moral darüber hinaus essentiell mit Veränderung und Fortschritt verbunden ist, dann können wir hier nicht so demokratisch sein, wie manche Philosoph:innen das gern

12 Verweis auf *Mary Had a Little Lamb*, ein populäres englisches Kinderlied. A. d. Ü.

hätten. Wir »wissen« nicht einfach um die Bedeutung aller notwendigen moralischen Worte, solang wir nur rational sind und die normale Sprache kennen. Es kann sein, dass wir die Bedeutung erst lernen müssen; und da wir menschliche, geschichtliche Individuen sind, verläuft die Bewegung des Verstehens ins immer Privatere, in die Richtung der idealen Grenze und nicht zurück zu einem Ursprung in den Regeln einer unpersönlichen, öffentlichen Sprache.

Nichts von dem, was ich hier sage, ist besonders neu: Ähnliches kursiert in der Philosophie spätestens seit Platon und tritt in der christlichen Ethik, deren Zentrum ein Individuum ist, als Gemeinplatz auf. In der platonischen Tradition kann man den vorliegenden Disput im Umfeld der alten Argumente bezüglich abstrakter und konkreter Universalien verorten. Meine Ansicht könnte so formuliert werden: Moralische Begriffe müssen wie konkrete Universalien behandelt werden. Und wenn jemand an dieser Stelle einhaken und fragen sollte, nun, warum dann bei moralischen Begriffen Halt machen, warum nicht gleich behaupten, dass alle Universalien konkret seien, so würde ich antworten, in der Tat, warum nicht? Warum sollten wir rot nicht als einen idealen Endpunkt betrachten, als einen Begriff, über den wir nie auslernen, als einen individuellen Gegenstand der Liebe? Ein Maler könnte sagen: »Du weißt überhaupt nicht, was ›rot‹ bedeutet.« Das käme einer Art Gegenangriff gleich, dessen Ziel es wäre, die von Naturwissenschaft und Logik in die Enge getriebene Idee des Werts wieder auf das gesamte Feld der Erkenntnis auszudehnen. Doch das wäre Teil eines anderen Arguments und ist hier nicht mein Anliegen. Vielleicht könnten in der Tat alle Begriffe so betrachtet werden: Alles, was ich hier sagen will, ist, dass manche Begriffe so betrachtet werden müssen.

Wenn ich hier nun als zentralen Begriff der Moral das »Individuelle« vorschlage, gedacht als erkennbar durch Liebe, gedacht im Lichte des Gebots »Darum sollt ihr vollkommen sein«,[13] so meine ich damit trotz der philosophischen Rückendeckung, auf die ich hier verweisen könnte, ganz und gar nichts Esoterisches. Im Gegenteil, einem gewöhnlichen Menschen wäre dieses Bild um einiges vertrauter als das existentialistische. Normalerweise stellen wir uns Güte anhand von Tugenden vor, die zu einem zusammenhängenden Seinsgewebe gehören. Und es ist gerade die geschichtliche,

13 Matthäus 5,48. A. d. Ü.

individuelle Natur der tatsächlich exemplifizierten Tugenden, die es so schwierig macht, Güte von anderen zu lernen. Es ist schön und gut zu sagen, dass »die Nachahmung einer richtigen Handlung selbst eine richtige Handlung ist« (Hampshire, »Logic and Appreciation«), aber was ist die Form, die Vorlage, die ich nachahmen soll? Es ist eine Plattitüde der jüngeren Philosophie, dass diese Arbeit der Formerkennung recht einfach sei, dass die Rationalität in diesem simplen Sinn zuverlässig liefere. Und natürlich tut sie das mit Blick auf manch konventionellen Zweck auch. Aber es ist charakteristisch für das Moralische, dass man sich nicht gänzlich mit dem Verweilen auf der konventionellen Ebene zufriedengeben kann und es in gewisser Weise auch nicht soll.

In diesem Zusammenhang könnten wir über die Ambiguität von Kants Position an der Stelle in der *Grundlegung* nachdenken, an der er beteuert, dass wir selbst dann, wenn wir der Person Christi gegenüberstehen, zu den Grundmustern der Rationalität in unserer eigenen Brust zurückkehren und selbst entscheiden müssen, ob wir den Mann vor uns gutheißen oder nicht. Von Kant wird oft behauptet, dass er ein Unterstützer der existentialistischen Sicht sei: Und diese Formulierungen hier kann man ohne Weiteres so lesen, als befürworteten sie diese Rückkehr zum Selbst, dieses Interesse an der Reinheit des einsamen Willens, wie sie von allen Ausprägungen des Existentialismus beworben werden. Hier stehe ich nun, ganz auf mich gestellt, mit absoluter Verantwortung und Freiheit, und kann nur das ordnungsgemäß und verantwortungsvoll tun, was ich auch verstehe, was ich mit klarer Absicht tun kann. Doch wir müssen uns in Erinnerung rufen, dass Kant ein metaphysischer Naturalist und kein Existentialist war. Vernunft selbst ist für ihn eine ideale Grenze: Sein Begriff von der »Idee der Vernunft« drückt tatsächlich genau dieses endlose Streben nach Vollkommenheit aus, das charakteristisch für moralische Aktivität ist. Kants Vernunft ist weder die »erarbeitete« oder »gegebene« Vernunft, die zu »normaler Sprache« und Konvention gehört, noch ist sein Mensch komplett führungslos und allein. Es existiert eine moralische Realität, ein wirklicher, wenngleich unendlich weit entfernter Standard: Die Schwierigkeiten des Verstehens und Nachahmens bestehen auch hier. Und in gewisser Hinsicht ist es vielleicht eine Frage von Taktik und Temperament, ob wir uns Christus oder der Vernunft zuwenden sollten. Die Gefährlichkeit blinden Gehorsams gegenüber einer Person oder einer Institution machten besonderen Eindruck auf Kant. Aber es lauern (wie die Geschichte des Existentialismus zeigt) genauso viele Gefahren in dem mehrdeutigen Gedanken, das Ideal in der eigenen Brust zu finden. Das Argument dafür, sich lieber nach außen zu Christus und nicht nach innen zur eigenen Vernunft zu wenden, liegt darin, dass das Selbst ein so schillernder, blendender Gegenstand ist: Wenn man *in seine Richtung* schaut, sieht man möglicherweise nichts anderes mehr. Aber wie gesagt, solang der Blick auf das Ideal gerichtet ist, wird die genaue Ausformulierung eine Sache von Geschichte und Taktik bleiben – auf eine Weise, die nicht starr von religiösem Dogma vorgegeben ist. Jegliches Verstehen des Ideals wird unvollständig sein. Wenn es um Tugend geht, erfassen wir oft mehr, als wir klar verstehen können, und *wachsen, indem wir schauen*.

Ich möchte nun etwas detaillierter darlegen, wie ich mir diesen Prozess vorstelle. Dies wird mir hoffentlich erlauben, den Status meiner Sichtweise klarer zu machen und sie speziell auf die Sprachphilosophie zu beziehen. Ich habe von einem Prozess des Vertiefens oder Verkomplizierens gesprochen, einem Prozess des Lernens, einem Fortschritt, der in moralischen Begriffen innerhalb des Raumes, den ihr Bezug zu einem idealen Endpunkt absteckt, stattfinden kann. Als ich das Beispiel von M und S beschrieb, hob ich die Wichtigkeit der Rolle der normativ-deskriptiven Worte hervor, der spezialisierten oder sekundären Wertworte. (So wie »vulgär«, »spontan« etc.) Mittels dieser Worte findet etwas statt, das wir die »Belagerung des Individuellen durch Begriffe« nennen könnten. Verwendungen solcher Worte sind zugleich Instrumente und Symptome des Lernens. Ein Lernprozess findet statt, wenn solche Worte, egal ob öffentlich oder privat, im Kontext von bestimmten Akten der Aufmerksamkeit verwendet werden. (M schaut S aufmerksam an.) Dies ist ein betonenswerter Punkt. Dass Worte nicht zeitlos, dass Wortäußerungen geschichtliche Ereignisse sind, wurde von manchen Philosoph:innen im Hinblick auf manche Zwecke durchaus zur Kenntnis genommen. (Strawson nimmt es zur Kenntnis, wenn er die Theorie der Beschreibung angreift.) Aber das ganze Gewicht dieser Tatsache mitsamt ihren Folgen für das vermeintlich zeitlose Bild der Vernunft ist in unserer modernen Philosophie nie vollständig erfasst worden. Wie Platon am Ende des *Phaedrus* feststellt, enthalten Worte selbst keine Weisheit. Worte, die zu bestimmten Zeiten an bestimmte Individuen gerichtet werden, können Weisheit nach sich ziehen. Worte haben ferner sowohl einen raumzeitlichen als auch einen begrifflichen Kontext. Wir lernen, indem wir uns Kontexten aufmerksam zuwenden; ein Wortschatz entwickelt sich in konzentrierter Aufmerksamkeit auf Gegenstände, und wir können andere Menschen nur dann verstehen, wenn wir ihren Kontext zu einem gewissen Grad teilen können. (Oft können wir das nicht.) Der Gebrauch von Worten durch Personen, die um einen gemeinsamen Gegenstand versammelt sind, ist eine zentrale und lebenswichtige menschliche Aktivität. Eine Kunstkritikerin kann uns dann weiterhelfen, wenn wir denselben Gegenstand vor uns haben und wir zumindest einen Teil ihres Begriffsschemas kennen. Beide Kontexte sind relevant für unsere Fähigkeit, uns zuzubewegen auf ein »Sehen von mehr«, auf ein »Sehen, was sie sieht«. Hier ist wie so oft eine ästhetische Analogie für die Moral hilfreich. M könnte Unterstützung bekommen von jemandem, der S kennt und dessen Begriffsschema M verstehen kann oder in diesem Kontext beginnen könnte zu verstehen. Fortschritt im Verstehen eines Begriffsschemas findet oft dann statt, wenn wir einer normativ-deskriptiven Rede in der Gegenwart eines gemeinsamen Gegenstands zuhören. Ich habe in Bezug auf unser Beispiel von Fortschritt oder Veränderung in Richtung des Besseren gesprochen, doch natürlich kann eine solche Veränderung (und dies ist häufiger zu beobachten) auch in Richtung des Schlechteren verlaufen. Alltagsgespräche sind nicht unbedingt eine moralisch neutrale Aktivität und bestimmte Arten, auf die wir unsere Mitmenschen beschreiben, können verderbend und falsch sein. Ein gewieftes Set an Begriffen kann ein höchst effizientes Instrument der Verderbung sein. Es ist gerade für normative Worte – sowohl wünschenswerte als auch nicht wünschenswerte – charakteristisch, dass sie ohne eine Anerkennung der Sets und Muster, zu denen sie gehören, nicht verstanden werden können. Wenn uns ein Kritiker sagt, dass ein Gemälde eine »funktionale Farbe« oder eine »signifikante Form« hat, dann müssen wir nicht nur das Gemälde kennen, um diese Bemerkungen zu verstehen, sondern auch etwas über seine allgemeine Theorie wissen. Ganz ähnlich ist es, wenn M sagt, dass S »gewöhnlich« ist. Obwohl dieser Ausdruck nicht zu einem technischen Vokabular gehört, kann diese Verwendung nur ganz verstanden werden, wenn wir nicht nur S kennen, sondern auch M.

Diese Abhängigkeit der Sprache von Kontexten der Aufmerksamkeit hat Konsequenzen. Sprache ist viel idiosynkratischer, als zugegeben wird. Gründe sind nicht notwendigerweise und *qua* Gründe öffentlich. Sie mögen nur für sehr wenige Gründe sein, und deshalb keine schlechteren. »Ich kann das nicht erklären. Du müsstest ihn kennen.« Wenn der gemeinsame Gegenstand fehlt, kann die Kommunikation zusammenbrechen und dieselben Worte können unterschiedliche Wirkungen auf unterschiedliche Zuhörer haben. Dies mag bei näherer Betrachtung sehr offensichtlich scheinen; doch in der Philosophie geht es oft darum, geeignete Kontexte zu finden, in denen das Offensichtliche gesagt werden kann. Menschen sind einander in gewissen Hinsichten, die für die Moral besonders wichtig sind, obskur – es sei denn, sie sind entweder einander oder aber gemeinsamen Gegenständen aufmerksam zugewandt, denn dies wirkt sich auf den Grad der Ausgefeiltheit eines gemeinsamen Wortschatzes aus. Wir entwickeln Sprache im Kontext des Hinschauens: einmal mehr die Metapher des Sehens. Die Vorstellung eines privilegierten Zugangs zu inneren Ereignissen ist vielen nach wie vor moralisch suspekt, weil ein solcher Zugang unter anderem Menschen von der »normalen Welt des rationalen Arguments« trennen würde. Aber die unvermeidliche kontextuelle Privatheit der Sprache tut dies bereits und außer auf einem sehr simplen und konventionellen Kommunikationsniveau gibt es keine solche normale Welt. Diese Schlussfolgerung wird von vielen Moralist:innen gefürchtet und vermieden, weil sie der Vernunft Sand ins Getriebe streut und weil die Vernunft nach wissenschaftlichem Vorbild konstruiert ist. Die Sprache der Naturwissenschaft versucht sowohl unpersönlich und genau als auch zum Zweck des gemeinschaftlichen Arbeitens leicht zugänglich zu sein; und der Grad der Zugänglichkeit kann jeweils im Hinblick auf das praktische Ziel festgelegt werden. Die Sprache der Moral, die auf eine Wirklichkeit Bezug nimmt, die unendlich komplexer und variantenreicher ist als die der Wissenschaft, ist oft unvermeidlich idiosynkratisch und unzugänglich.

Worte sind die subtilsten Symbole, die wir besitzen, und unser menschliches Gefüge *(human fabric)* ist auf sie angewiesen. Wir laufen ins Verderben, wenn wir vergessen, dass Sprache von lebendiger und radikaler Natur ist. Beispielsweise ist es absolut irreführend, von »zwei Kulturen« zu sprechen, die eine literarisch-geistig, die andere naturwissenschaftlich, als wären sie gleichen Ranges. Es gibt nur eine Kultur, und die Naturwissenschaft, interessant und gefährlich, wie sie ist, ist heute ein wichtiger Teil von ihr. Aber der essentiellste und fundamentalste Aspekt von Kultur ist das Studium der Literatur, denn es lehrt uns, wie wir uns menschliche Situationen bildhaft machen und wie wir sie verstehen können. Wir sind Menschen und moralisch Handelnde, bevor wir Wissenschaftstreibende sind; und der Platz der Naturwissenschaft im menschlichen Leben muss in *Worten* diskutiert werden. Deshalb ist es wichtiger und wird auch immer wichtiger sein, Shakespeare zu kennen als irgendeinen Naturwissenschaftler: Und wenn es einen »Shakespeare der Wissenschaft« gibt, so ist sein Name Aristoteles.

Ich habe das Wort »Aufmerksamkeit« benutzt, das ich von Simone Weil übernehme, um die Idee eines gerechten und liebenden Blicks auf eine individuelle Gegebenheit auszudrücken. Ich glaube, dass es dieser Blick ist, der charakteristisch für einen aktiven moralischen Akteur ist und ihn richtigerweise als solchen zu erkennen gibt. »Charakteristisch« und »richtigerweise« suggerieren wiederum eine logische und normative Behauptung, und ich werde im Weiteren diskutieren, inwieweit meine Aussagen als Empfehlungen und inwieweit sie als Beschreibungen aufgefasst werden sollten. In jedem Fall ist eine Theorie, ob logisch oder normativ, umso attraktiver, desto mehr sie erklärt, desto mehr ihre Struktur als Grundriss von Dingen, die uns im alltäglichen Leben vertraut sind, gesehen werden kann. Ich möchte nun fortfahren und argumentieren, dass die von mir vorgeschlagene Sichtweise eine zufriedenstellendere Darstellung der menschlichen Freiheit bietet als die existentialistische. Als existentialistisch eingestuft habe ich sowohl Philosophen wie Sartre, die dieses Prädikat beanspruchen, als auch Philosophen wie Hampshire, Hare und Ayer, die dies nicht tun. Charakteristisch für beide Lager ist die Identifizierung der wahren Person mit dem leeren, wählenden Willen und die entsprechende Betonung der Idee der Bewegung statt der des Sehens. Diese Betonung passt zur antinaturalistischen Voreingenommenheit des Existentialismus. Es macht keinen Sinn, über »moralisches Sehen« zu sprechen, weil es *moralisch* nichts zu sehen gibt. Es gibt kein moralisches Sehen. Es gibt nur eine normale Welt, die normal gesehen wird, und es gibt den Willen, der sich darin bewegt. Welche Position hier zum kantischen Flügel und welche zum surrealistischen Flügel des Existentialismus gehört, kann am Grad des Interesses an *Gründen* für Handlungen abgelesen werden, das am surrealistischen Ende gegen null geht.

Unsere britischen Philosoph:innen sind natürlich sehr an Gründen interessiert und betonen, wie ich erwähnte, deren Zugänglichkeit und die nichtesoterische Natur von moralischem Nachdenken. Aber das Generieren solcher Gründe, so wird argumentiert (und genau deshalb wird betont, dass sie von unpersönlicher Art sind), bindet den Akteur in keiner Weise an die Welt oder an bestimmte persönliche Kontexte innerhalb der Welt. Er wählt seine Gründe frei, mittels und nach Begutachtung der normalen Tatsachen, die allen offen zugänglich sind: Und er handelt. Dieser Ablauf, so wird argumentiert, *ist* die Ausübung von Freiheit. Dieses Bild vom Menschen als äußerst bewusstem, selbstständigem Wesen wird von manchen Philosoph:innen als gegeben, von anderen, beispielsweise Hampshire, als Norm angesetzt; wobei Hampshire darauf achtet, der Norm einen naturwissenschaftlichen Hintergrund zu verleihen.

Wir sollten uns nun schlicht fragen, ob all dies realistisch ist, ob unsere Erfahrung bestätigen kann, dass moralisches Entscheiden so geartet ist. Zunächst könnte es so scheinen, als hätten die Existentialist:innen einen Vorteil, da sie ein bestimmtes Merkmal moralischen Entscheidens erklären können: die seltsame Leere, die oft im Moment der Entscheidung auftritt. Natürlich unterliegen Entscheidungen Schwankungen, was Grade an Bewusstsein, Wichtigkeit und Schwierigkeit angeht. Bei einer schlichten, einfachen, unwichtigen Entscheidung besteht kein Bedarf, das, »was vor sich geht«, als irgendetwas anderes als die offensichtliche Abfolge von Grund, Entscheidung, Handlung oder auch nur von Grund und Handlung zu betrachten; und solche Entscheidungen können richtigerweise als »unpersönlich« betrachtet werden. »Soll ich gehen? Ach stimmt, ich habe es ja versprochen.« Ich bekomme eine Rechnung und bezahle sie. Aber schwierige und schmerzhafte Entscheidungen beinhalten oft diese Erfahrung von Leere, aus der so viel gemacht wurde: das Gefühl, nicht von Gründen bestimmt zu sein. Dieses Gefühl wird von beiden Flügeln des Existentialismus mit großer Freude begrüßt. Der kantische Flügel behauptet, es zeige, dass wir in Bezug auf Gründe frei sind, und der surrealistische Flügel behauptet, es zeige, dass es keine Gründe gibt. Diese Erfahrung von Leere scheint tatsächlich die Auffassung, dass Freiheit schlicht die Bewegung des einsamen Willens ist, vollkommen zu verifizieren. Eine Entscheidung besteht in äußerer Bewegung, denn da ist sonst nichts anderes, was sie sein könnte.

Aber stimmt das und sollten wir uns wirklich derart über diese Erfahrung freuen? Sartre, der bei diesem Problem wild zwischen Kantianismus und Surrealismus hin- und herschwankt, schlägt hierzu an einer Stelle einen etwas düstereren Ton an. *Quand je délibère les jeux sont faits.*[14] Wenn wir in Momenten der Entscheidung auf so seltsame Weise von der Welt getrennt sind, entscheiden wir dann überhaupt, identifizieren wir *uns* wirklich zu Recht mit diesem schwindligen, leeren Willen? (Hampshire: »Ich identifiziere mich mit meinem Willen.«) In einer gedanklichen Reaktion, die dem Gemüt der extremeren Existentialist:innen nie fernliegt (z. B. Dostojewski), kann man sich hier dem Determinismus zuwenden, dem Fatalismus, der Ansicht, Freiheit sei eine komplette Illusion. Wenn ich anfange zu überlegen, sind die Würfel bereits gefallen. Kräfte in mir, die für mich im Dunkeln bleiben, haben die Entscheidung bereits getroffen.

Diese Sichtweise ist eher noch unattraktiver und weniger realistisch als die andere. Sind wir wirklich gezwungen, zwischen einem Bild von totaler Freiheit und einem Bild von totalem Determinismus zu wählen? Können wir das Ganze nicht ausgeglichener und erhellender darstellen? Ich glaube, das können wir, wenn wir die Idee der *Aufmerksamkeit*, oder des Hinschauens, von der ich oben sprach, in das Bild einfügen. Ich kann Entscheidungen nur treffen in der Welt, die ich *sehe*, im moralischen Sinn von »sehen«, der impliziert, dass klare Sicht ein Ergebnis von moralischem Vorstellen und moralischer Anstrengung ist. Natürlich gibt es auch »verzerrte Sichtweisen« und das Wort »Realität« tritt hier unweigerlich als normatives Wort auf. Wenn M gerecht und liebend ist, dann sieht sie S, wie sie wirklich ist. Man ist oft fast automatisch von dem, was man sehen *kann*, genötigt. Wenn wir die vorangegangene Arbeit der Aufmerksamkeit ignorieren und nur auf die Leere des Moments der Entscheidung achten, dann ist es wahrscheinlich, dass wir Freiheit mit der äußeren Bewegung identifizieren, da es ja sonst nichts gibt,

14 »Wenn ich anfange zu überlegen, ist alles schon entschieden.« Jean-Paul Sartre, *Das Sein und das Nichts*, übersetzt von Justus Streller, Hamburg 1962, S. 573. A. d. Ü.

womit wir sie identifizieren könnten. Aber wenn wir bedenken, wie die Arbeit der Aufmerksamkeit abläuft, mit welcher Kontinuität sie operiert und wie sie unmerklich Wertstrukturen um uns herum aufbaut, dann werden wir nicht davon überrascht sein, dass in kritischen Momenten der Entscheidung das Wesentliche bereits erledigt ist. Das impliziert nicht, dass wir nicht frei sind, ganz bestimmt nicht. Aber es impliziert, dass die Ausübung unserer Freiheit eine kleinteilige und schrittweise Angelegenheit ist, die die ganze Zeit vonstattengeht, und kein pompöses, ungehindertes Herumspringen in wichtigen Momenten. Das moralische Leben ist nach dieser Darstellung etwas, das kontinuierlich im Gange ist, nicht etwas, das zwischen Momenten expliziter moralischer Entscheidung ausgeschaltet wird. Was zwischen solchen Entscheidungen passiert, ist sogar von zentraler Wichtigkeit. Alles in allem möchte ich gern das Wort »Aufmerksamkeit« als ein gutes Wort und einen etwas allgemeineren Ausdruck wie »hinschauen« als neutrales Wort verwenden. Natürlich fließt psychische Energie schnell und meist widerstandslos in die Konstruktion überzeugend kohärenter, aber falscher Bilder von der Welt und den dazugehörigen systematischen Wortschatz. (Wenn M S als vorlaut, gewöhnlich, unreif etc. sieht.) Aufmerksamkeit ist das Bemühen, solchen Zuständen der Illusion entgegenzuwirken.

Wir sind hier sicherlich in einem bestimmten Sinn weniger frei als in dem Bild, das der andere Ansatz von uns zeichnet, wenn er einen Zustand vollkommener Freiheit als entweder unser unvermeidliches Schicksal (die Surrealisten) oder unser erreichbar scheinendes Ziel (die Kantianer) darstellt. Für Hampshire ist Freiheit eine Frage von glasklaren Absichten. Aber nach dem von mir vorgeschlagenen Ansatz, der Moral mit aufmerksamer Hinwendung zu Individuen – menschlichen Individuen und individuellen Realitäten anderer Art – verbindet, ist der Kampf und der Fortschritt etwas Obskureres, etwas stärker geschichtlich Bedingtes und meistens weniger deutlich Bewusstes. Freiheit, selbst ein moralischer Begriff und nicht nur eine Voraussetzung für Moral, kann hier nicht von der Idee der Erkenntnis getrennt werden. Dasjenige, *wovon* sie Erkenntnis ist, die »Realität«, von der wir auf so natürliche Weise annehmen, dass sie mit gerechter »Aufmerksamkeit« ans Tageslicht gebracht wird, kann selbstverständlich bei der gegebenen Vielfalt an menschlichen Persönlichkeiten und Situationen nur in einem sehr entfernten und idealen Sinn als »eine« gedacht werden, als ein einziger Gegenstand für alle Menschen. Es ist ein tiefes Paradoxon der Moralphilosophie, dass fast alle Philosoph:innen seit jeher auf die ein oder andere Weise versucht sind, sich Güte als Erkenntnis vorzustellen: Doch eine auch nur ansatzweise detaillierte Veranschaulichung dessen, eine Darstellung der Realität als »einer«, scheint ein unrechtmäßiges Vorbeurteilen einer moralischen Angelegenheit zu erfordern. Ein ausgeprägtes Bewusstsein für diese letzte Schwierigkeit hat es Philosoph:innen in jüngerer Zeit gar axiomatisch erscheinen lassen, dass »Naturalismus ein Fehlschluss ist«. Aber ich würde behaupten, dass es auf der Ebene des ernsten, gesunden Menschenverstandes und gewöhnlicher, nichtphilosophischer Reflexion über die Natur der Moral völlig offensichtlich ist, dass Güte mit Erkenntnis verknüpft ist: nicht mit unpersönlicher, quasiwissenschaftlicher Erkenntnis der gewöhnlichen Welt, was immer das auch sein soll, sondern mit einer umsichtigen und ehrlichen Wahrnehmung dessen, was wirklich der Fall ist, mit einer geduldigen und gerechten Betrachtung und Erkundung dessen, was vor einem ist – mit Erkenntnissen also, die uns nicht einfach zufallen, sobald wir unsere Augen öffnen, sondern die das Ergebnis einer uns sicherlich bestens vertrauten Art moralischer Disziplin sind.

Was ist nun aber mit der »Leere«, der Erfahrung von *Angst*,[15] von der die Existentialist:innen uns so viel erzählen? Wenn sie nicht in deren Sinn als eine Erfahrung reiner Freiheit verstanden werden kann, was ist sie dann, und kommt sie überhaupt wirklich vor? Vielleicht sind hier mehrere verschiedene Zustände involviert. Doch den zentralen Zustand, das Herzstück des Begriffs, würde ich eher als eine Art Schrecken beschreiben, der den bewussten Willen ergreift, wenn er der Stärke und Richtung der Persönlichkeit, die nicht unter seiner unmittelbaren Kontrolle ist, gewahr wird. Unzählige Akte des »Hinschauens« haben eine Welt entdeckt und erkundet, die dem Willen jetzt (mit allen Vor- und Nachteilen) in einer bestimmten Situation *zwingend* gegenwärtig ist, und der Wille ist bestürzt aufgrund des Gefühls, dass er nun alles sein sollte, aber nicht ist. *Angst* kann überall da eintreten, wo es eine gefühl-

15 Hier und im Folgenden benutzt Murdoch im Original das deutsche Wort »Angst«. Die Kursivsetzung ist vermutlich der Fremdsprachlichkeit und keiner besonderen Betonungsabsicht geschuldet. A. d. Ü.

te Diskrepanz zwischen Persönlichkeit und Idealen gibt. Vielleicht können sehr einfache Leute ihr entfliehen und vielleicht gibt es Zivilisationen, die sie nie erfahren haben. Extreme *Angst*, in der populären modernen Form, ist eine Krankheit oder eine Sucht derer, die leidenschaftlich der Überzeugung sind, dass Persönlichkeit einzig im bewussten omnipotenten Willen vorzufinden ist: Und insofern diese Überzeugung falsch ist, hat der Zustand Anteil an einer Illusion. In praktischer Hinsicht ist es offensichtlich ein heikles moralisches Problem, zu entscheiden, bis zu welchem Grad der Wille der gewachsenen Persönlichkeit etwas aufzwingen kann (etwas *bewegen* in einer Welt, die er nicht *sehen* kann), ohne dabei nur ein Desaster anzurichten. Der Begriff der *Angst* sollte natürlich sogfältig von seinem Vorfahren, Kants *Achtung*,[16] unterschieden werden. Dort wird eine Bestürzung über die Zerbrechlichkeit des Willens kombiniert mit einem inspirierenden Gewahrsein der Wirklichkeit, von der der Wille sich angezogen fühlt (Verzweiflung über den sinnlichen Willen, Freude am rationalen Willen). Der Verlust dieses Gewahrseins, oder dieses Vertrauens, erzeugt *Angst*, die eigentlich ein nüchterner Alarmzustand ist. Wer tatsächlich vor *Angst* freudig erregt ist oder nach dieser Erregung trachtet, also nach der Erregung ob der schieren Machtlosigkeit des Willens und seiner fehlenden Verbindung zur Persönlichkeit, der steht in Gefahr, wie ich oben angedeutet habe, entweder dem Fatalismus oder einer reinen Verantwortungslosigkeit zu verfallen.

Der Ort der Entscheidung ist sicherlich ein anderer, wenn wir von einer Welt ausgehen, die dem Willen *zwingend* gegenwärtig und deren Anschauung und Erkundung eine langsame Angelegenheit ist. Moralische Veränderung und moralischer Erfolg sind langsam; wir sind nicht frei in dem Sinn, dass wir uns von jetzt auf gleich verändern können, da wir nicht von jetzt auf gleich verändern können, was wir sehen, und dementsprechend auch nicht, was wir wünschen und was uns zum Handeln nötigt. Auf eine gewisse Weise scheint das explizite Treffen einer Entscheidung nun weniger wichtig zu ein: weniger entscheidend (da ein Großteil der »Entscheidung« woanders liegt) und weniger offensichtlich etwas »zu Kultivierendes«. Wenn ich auf richtige Weise aufmerksam bin,

16 Murdoch benutzt hier und noch einmal im Folgenden im Original das deutsche Wort »Achtung«; die Kursivsetzung ist der Fremdsprachlichkeit geschuldet. A. d. Ü.

dann gibt es nichts zu entscheiden, und das ist der höchste Zustand, den es anzustreben gilt. Dies ist gewissermaßen die Umkehrung von Hampshires Bild, in dem unsere Bemühungen darauf abzielen, unsere Freiheit zu vergrößern, indem wir so viele verschiedene Handlungsoptionen wie möglich begrifflich erfassen: Man möchte ein möglichst großes Warenangebot im Laden haben. Die ideale Situation sollte ganz im Gegenteil eher als eine Art »Notwendigkeit« dargestellt werden. Hiervon reden Heilige und jeder Künstler, jede Künstlerin wird dies sofort verstehen. Die Idee einer geduldigen, liebenden Zugewandtheit, gerichtet auf eine Person, ein Ding, eine Situation, stellt den Willen nicht als ungehemmte Bewegung dar, sondern vielmehr als so etwas wie »Gehorsam«.

Wille und Vernunft sind demnach nicht zwei unterschiedliche Vermögen im moralischen Akteur. Unser Wille nimmt kontinuierlich Einfluss auf unsere Überzeugungen, im Guten wie im Schlechten, und im Idealfall kann er sie durch eine dauerhaft auf die Wirklichkeit gerichtete Aufmerksamkeit beeinflussen. Das meint Simone Weil, wenn sie sagt, dass »der Wille Gehorsam ist, nicht Entschluss«.[17] Als moralische Akteure müssen wir versuchen, gerecht zu sehen, Vorurteile abzulegen, Versuchungen aus dem Weg zu gehen, Einbildungen zu kontrollieren und zu zügeln, unsere Gedankengänge zu lenken. Der Mensch ist keine Kombination aus unpersönlichem, rationalem Denken und einem persönlichen Willen. Er ist ein geeintes Wesen, das sieht, das im Einklang mit dem Gesehenen begehrt und das kontinuierlich zumindest etwas Kontrolle über die Richtung und den Fokus seines Sehens hat. Im Vordergrund dieses Bildes gibt es nichts, was einem gewöhnlichen Menschen nicht vertraut wäre. Philosophische Schwierigkeiten können sich ergeben, wenn wir versuchen, dem normativen Wort »Wirklichkeit« irgendeinen einzigen, organisierten Hintergrund-Sinn zu geben. Dennoch darf dieses Wort als philosophischer Ausdruck verwendet werden, unter der Voraussetzung, dass man seine Grenzen kennt. Was wirklich ist, kann »nichtempirisch« sein, ohne deshalb ein Baustein der großen Systementwürfe sein zu müssen. Die Idee der Wirklichkeit als etwas, das sich dem geduldigen Blick der Liebe offenbart, ist für gewöhnliche Menschen in bestimmten Situationen völlig nachvollziehbar. M weiß, was sie

17 Dies scheint kein direktes Zitat zu sein, sondern eine Paraphrasierung von Weils Gedanken. A. d. Ü.

tut, wenn sie versucht, S gerecht zu werden, und wir wissen auch, was sie tut.

Ich habe behauptet, dass jeder Künstler und jede Künstlerin die Vorstellung vom Willen als Gehorsam gegenüber der Wirklichkeit zu würdigen weiß, ein Gehorsam, der im Idealfall einen Punkt erreicht, an dem es nichts zu entscheiden gibt. Einer der großen Vorzüge der von mir skizzierten Moralpsychologie ist, dass sie Kunst und Moral nicht kontrastiert, sondern sie als zwei Aspekte ein und derselben Anstrengung darstellt. Die existentialistisch-behavioristische Sicht konnte die Kunst nicht zufriedenstellend beschreiben: Sie wurde als quasispielerische Aktivität gesehen, als überflüssig, »um ihrer selbst willen« (der bekannte Kantianer-Bloomsbury-Slogan), als eine Art Begleiterscheinung unseres Versagens, vollständig rational zu sein. Eine solche Auffassung von Kunst ist natürlich untragbar. In einer jener wichtigen Bewegungen der Rückkehr von philosophischer Theorie zu den einfachen Dingen, derer wir uns sicher sind, müssen wir auf das zurückkommen, was wir über große Kunst wissen, über die moralische Einsicht, die sie enthält, und die moralischen Errungenschaften, die sie repräsentiert. Güte und Schönheit sollten einander nicht gegenübergestellt werden, sondern gehören weitgehend zur selben Struktur. Platon, der uns sagt, dass Schönheit der einzige spirituelle Gegenstand ist, den wir natürlicherweise unmittelbar lieben, behandelt das Schöne wie einen einführenden Teilbereich des Guten. Ästhetische Situationen sind demnach nicht so sehr Analogien der Moral als vielmehr Fälle von Moral. Tugendhaftigkeit ist im Kunstschaffenden und im guten Menschen grundsätzlich gleich, besteht sie doch in selbstloser, aufmerksamer Zuwendung zur Natur: etwas, das leicht zu benennen ist, aber sehr schwer zu meistern. Reflektierte Kunstschaffende haben dieser Idee häufig Ausdruck verliehen. (Zum Beispiel spricht Rilke, Cézanne rühmend, von einem »Aufbrauchen der Liebe in anonymer Arbeit«. Brief an Clara Rilke, 13. Oktober 1907.)

Da die existentialistisch-behavioristische Sicht sich den Willen gern als reine, von der Vernunft getrennte Bewegung denken wollte und der Vernunft den Gebrauch normativer Worte verwehrte (sie sollte ja »objektiv« sein), konnte der so vorgestellte moralische Akteur mit nur den leersten und allgemeinsten moralischen Ausdrücken wie »gut« und »richtig« auskommen – ja, er war beinahe gezwungen, mit ihnen auszukommen. Die leeren moralischen

Worte korrespondieren hier mit der Leere des Willens. Wenn der Wille total frei sein soll, dann darf die Welt, in der er sich bewegt, keine normativen Charakteristika aufweisen, nur so kann Moral vollständig und sauber im Fingerzeig der Entscheidung verortet werden. Meiner Ansicht nach wäre es dagegen möglich zu sagen, dass wir auf die primären, allgemeinen Worte gänzlich verzichten könnten und dass sämtliche moralische Arbeit von den sekundären, spezialisierten Worten verrichtet werden könnte. Wenn wir uns den Akteur so vorstellen, dass er gar nicht anders kann, als der Realität, die er sieht, Gehorsam zu leisten, dann wird er nicht sagen »Das ist richtig«, d. h. »Ich entscheide mich, dies zu tun«, sondern er wird sagen »Das ist A, B, C, D« (normativ-deskriptive Worte) und eine Handlung wird ganz natürlich folgen. Weil die leere Wahl nicht stattfindet, werden die leeren Worte nicht gebraucht. Dennoch läge mir nichts ferner, als mit dem Ausdruck »gut« brechen oder ihn degradieren zu wollen: Im Gegenteil, ich möchte ihm die Würde und Autorität zurückgeben, die er besaß, bevor Moore die Bühne betrat. Ich habe von Bemühungen um auf Individuen gerichtete Aufmerksamkeit gesprochen und vom Gehorsam gegenüber der Wirklichkeit als einer Praxis der Liebe. Ich habe vorgeschlagen, dass »Wirklichkeit« und »Individuum« sich uns im moralischen Kontext als ideale Endpunkte, oder Vernunftideen, darbieten. Das muss der Ort sein, an dem der Begriff »gut« lebt. »Gut«: »Wirklich«: »Liebe«. Diese Worte sind eng miteinander verbunden. Und hier finden wir den tiefen Sinn der Undefinierbarkeit von »gut« wieder, der in der jüngeren Philosophie ein so trivialer Sinn gegeben wurde. »Gut« ist nicht aus den Gründen undefinierbar, die Moores Nachfolger:innen vorgebracht haben, sondern wegen der unendlichen Schwierigkeit der Aufgabe, eine anziehende und gleichzeitig unerschöpfliche Wirklichkeit zu erfassen. Als Moore versuchte zu sagen, dass die Eigenschaft, gut zu sein, *da* sei *und* dass man nichts darüber sagen könne, was sie ihrem Wesen nach sei, war er in gewisser Hinsicht der Wahrheit viel näher, als er dachte. Wenn das Erfassen von Gutem das Erfassen des Individuellen und der Wirklichkeit ist, dann hat Gutes Teil am unendlichen, schwer fassbaren Charakter der Wirklichkeit.

Ich habe bereits mehrmals angedeutet, dass das Bild, das ich hier zeichne, als ein allgemeiner metaphysischer Hintergrund zur Moral gedacht werden sollte und nicht als eine Formel, die als erhellendes Element an jede einzelne moralische Handlung herangetragen werden kann. Soweit ich weiß, gibt es eine Formel dieser Art nicht. Wir sind nicht immer das Individuum, das nach dem Individuellen strebt, wir reagieren nicht immer auf die magnetische Anziehungskraft der Idee der Vollkommenheit. Oft sind wir einfach »irgendwer«, der tut, was sich gehört, oder der simple Entscheidungen aus gewöhnlichen öffentlichen Gründen fällt – beispielsweise, wenn wir unsere Rechnungen begleichen oder andere kleine Alltagshandlungen vollziehen. Einige Philosoph:innen haben sich entschieden, ausschließlich diese Art von Situation zu analysieren. Des Weiteren bin ich mir sehr wohl der *moralischen* Gefahr bewusst, die die Auffassung von Moral als etwas, das die ganze Person betrifft, mit sich bringt und die zu einer spezialisierten und esoterischen Sicht- und Sprechweise führen kann. Ein gegenseitiges Aufeinanderzugehen ist für die private und die öffentliche Ebene der Moral oft von beidseitigem Vorteil und in der Tat meist auch unumgänglich. Die »konventionelle« Ebene ist oft gar nicht so simpel, wie es aussieht, und das altmodische Kirchenlied, das ich in meiner Kindheit sang, »Wer eine Stube fegt, als würden es Deine Gesetze vorsehen, der macht sie und die Handlung fein«,[18] ist kein sinnloses Gerede. Die Aufgabe der Aufmerksamkeit stellt sich uns zu jedem Zeitpunkt, und auch in scheinbar leeren und alltäglichen Momenten »schauen wir hin« und stellen kleine Bemühungen an, uns durch Fokus und Imagination eine Situation zu erschließen – Bemühungen, die so wichtige kumulative Erträge erbringen.

Ich möchte ferner auch nicht so verstanden werden, als wolle ich suggerieren, dass Einsicht oder Reinheit des Herzens wichtiger seien als Handlungen: Ansichten, von denen viele Philosoph:innen befürchteten, dass Moores Werk sie impliziere. Öffentliche Handlungen sind ganz offensichtlich wichtig. Sie sind wichtig an sich und sie sind wichtig, weil sie die unverzichtbaren Dreh- und Angelpunkte der inneren Landschaft sind. Das Innere kann, in *diesem* Sinne, nicht ohne das Äußere auskommen. Ich meine damit nicht nur, dass äußere Rituale Räume für innere Erfahrungen schaffen, sondern auch, dass äußere Handlungen psychische Energien freisetzen können, die auf keine andere Art freigesetzt werden können. Wir bekommen oft einen unerwarteten Lohn für zögerliche, halb-

18 »Who sweeps a room as for Thy laws makes that and the action fine«, aus George Herbert, »The Elixir«, 1633. A. d. Ü.

herzige Handlungen: ein Ort für die Idee der Gnade. Ich habe vorgeschlagen, dass wir ein dunkleres, weniger klar bewusstes, weniger stetig rationales Bild der Dynamiken der menschlichen Persönlichkeit akzeptieren müssen. Mit dieser dunklen Entität im Rücken entscheiden wir uns manchmal dafür, abstrakt nach einer Regel zu handeln, das Hinsehen und die damit verbundene, uns nötigende Energie zu ignorieren; und manchmal stellen wir fest, dass uns in der Folge sowohl klare Sicht als auch Energie unerwarteterweise gegeben sind. Zu entscheiden, wann wir einen solchen Sprung wagen sollten, gehört zu den schwierigsten moralischen Problemen. Aber wenn wir über das, was wir wissen, hinausspringen, so müssen wir doch immer versuchen aufzuholen. Der Wille kann die Erkenntnis nicht weit hinter sich lassen, und Aufmerksamkeit ist unser täglich Brot.

Das, was ich hier angeboten habe, ist natürlich keine »neutrale logische Analyse« dessen, was moralische Akteure ausmacht oder wie moralische Ausdrücke funktionieren – und es gibt auch nicht vor, eine solche Analyse zu sein. Das Bild, das beispielsweise von Hampshire angeboten wird, ist natürlich auch nicht neutral, wie er selbst in Klammern zugibt. (*Thought and Action*, Kapitel zwei.) »Es muss eine Entscheidung zwischen zwei Auffassungen über Persönlichkeit getroffen werden [...]. In einer Gesellschaft, in der die theoretischen Ansichten und religiösen Überzeugungen eines Menschen als äußerst wichtig angesehen werden, kann es sein, dass man die Überzeugungen eines Menschen als ebenso in seiner Verantwortung stehend erachtet wie sein Verhalten gegenüber anderen Menschen.« Und er kontrastiert dies mit »einer utilitaristischen Kultur«. Hampshire spricht hier von »Entscheidung«; und für jede rivalisierende Theorie gibt es immer eine existentialistische »Abreibung«: zu sagen: »Du benutzt dieses Bild, aber du *entscheidest dich* dafür, es zu benutzen.« Dies ist gleichbedeutend damit, aus dem existentialistischen Bild das letztgültige zu machen. Ich möchte ein solches Untergraben meiner eigenen Theorie ausschließen. Von ihr zu sagen, dass sie eine normative Theorie ist, ist nicht gleichbedeutend damit zu sagen, dass sie Gegenstand einer freien Wahl ist: Die moderne Philosophie hat diese Ideen gleichgesetzt, aber das ist genau die Gleichsetzung, der ich widerspreche. Ich biete hier die Skizze einer metaphysischen Theorie an, eine Art unabgeschlossenen, undogmatischen Naturalismus mitsamt der für solche Theorien typischen Zirkularität von Definitionen. Die rivalisierende Theorie ist genauso zirkulär; und, wie ich erläutert habe, ich finde nicht, dass ihre radikalen Argumente ihre weitreichenden moralischen und psychologischen Schlussfolgerungen auf überzeugende Weise begründen.

Philosoph:innen haben schon immer versucht, sich ein Bild von der menschlichen Seele zu machen. Da die Moral solche Bilder braucht und da die Naturwissenschaft, wie ich argumentiert habe, nicht in der Lage ist, die Moral unter ihre Kontrolle zu bringen, scheint es keinen Grund zu geben, warum Philosoph:innen nicht weiterhin versuchen sollten, unseren moralischen Alltag um einen systematisch erklärenden Hintergrund zu erweitern. Hampshire sagte, und ich zitierte dies zu Beginn, dass »es die konstruktive Aufgabe einer Philosophie des Geistes ist, eine Menge von Ausdrücken bereitzustellen, mithilfe derer man endgültige Werturteile klar formulieren kann«. Ich würde die meines Erachtens mehr oder weniger gleiche Aufgabe so ausdrücken: Es müssen reichhaltige und fruchtbare Begriffsschemata verfügbar gemacht werden, die uns dabei helfen, über die Natur moralischen Fortschritts und moralischer Verfehlung sowie über die Gründe, weshalb moralische Temperamente so sehr divergieren, zu reflektieren und sie zu verstehen. Zudem möchte ich mit meiner Theorie die existentialistischen Konkurrenten untergraben, indem ich behaupte, dass es möglich ist, mit Hilfe der Ersteren zu erklären, warum die Menschen von den Letzteren besessen sind, aber nicht umgekehrt. In jedem Fall aber muss die Skizze, die ich hier dargeboten habe – eine Fußnote zu einer großen und vertrauten philosophischen Tradition –, hinsichtlich ihrer verbindenden, erhellenden und erklärenden Kraft und ihrer Fähigkeit, neue und fruchtbare Räume der Reflexion zu erschließen, beurteilt werden.

2. Über »Gott« und »Gut«

Wenn man philosophiert, erkundet man sein eigenes Temperament und versucht doch gleichzeitig, die Wahrheit zu entdecken. Mir scheint, dass in der aktuellen Moralphilosophie eine Leere herrscht. Disziplinen an der Peripherie der Philosophie expandieren (Psychologie, politische Theorie und Soziologie) oder kollabieren (Religion), ohne dass die Philosophie in der Lage ist, die jeweils zentralen Werte im einen Fall aufzugreifen oder im anderen Fall zu retten. Wir brauchen eine funktionstüchtige philosophische Psychologie, die zumindest den Versuch unternimmt, die Terminologie der modernen Psychologie mit einer Terminologie der Tugenden zu verbinden. Wir brauchen eine Moralphilosophie, die kompetente Aussagen zu Freud und Marx machen kann und aus der sich ästhetische und politische Positionen entwickeln lassen. Wir brauchen eine Moralphilosophie, in der der Begriff der Liebe, der heutzutage so selten von Philosoph:innen erwähnt wird, wieder zum Mittelpunkt gemacht werden kann.

Man wird entgegnen, dass wir bereits eine funktionstüchtige Philosophie haben; eine, die zudem die rechtmäßige Erbin der europäischen Philosophie vergangener Zeiten ist: den Existentialismus. Diese Philosophie beherrscht die Szene dermaßen, dass Philosoph:innen, darunter viele im Bereich der Sprachanalyse, täglich mit existentialistischen Begriffen arbeiten, obwohl sie sich selbst kaum als Existentialist:innen bezeichnen würden. Ich werde dafür argumentieren, dass der Existentialismus nicht die Philosophie ist, die wir brauchen, und auch durch keine Herumbastelei dazu gemacht werden kann. Obwohl sie tatsächlich die Erbin der Vergangenheit ist, ist die existentialistische Philosophie (wie mir scheint) eine unrealistische und allzu optimistische Doktrin, die so manchen falschen Wert hervorbringt. Gleiches gilt auch und noch offensichtlicher für so fadenscheinige Credos wie beispielsweise den »Humanismus«, mit denen man heutzutage versucht sein mag, die philosophische Leere zu füllen.

Der große Vorzug des Existentialismus ist, dass er immerhin behauptet und auch versucht, eine Philosophie zu sein, nach der man leben kann. Kierkegaard beschreibt das Hegel'sche System als einen großen Palast, den jemand errichtet hat, der dann selbst in einer Absteige wohnt oder bestenfalls in der Pförtnerloge. Eine Moralphilosophie sollte bewohnt sein. Der Existentialismus hat es geschafft, eine populäre Philosophie zu werden und sich selbst in die Köpfe derer (z. B. der Philosoph:innen in Oxford) einzuschleichen, die sich nicht mit ihm befassen und sich seiner Gegenwart vielleicht gar nicht bewusst sind. Doch obwohl er sicherlich Handlungen inspirieren kann, so tut er dies, wie mir scheint, nur aufgrund einer Art romantischen Provokation und nicht aufgrund seiner Wahrheit; und seine Wegweiser zeigen häufig in die falsche Richtung. Wittgenstein behauptete, die cartesische Ära in der Philosophie beendet zu haben. Eine Moralphilosophie existentialistischer Prägung ist immer noch cartesisch und egozentrisch. Kurz gesagt, unser Selbstbild ist zu großspurig geworden, wir haben eine unrealistische Auffassung vom Willen, die wir isoliert und mit der wir uns identifiziert haben, wir haben den Blick für eine von uns unabhängige Realität verloren und wir haben keine adäquate Vorstellung vom Sündenfall. Kierkegaard beobachtete ganz richtig, dass »eine Ethik, welche die Sünde ignoriert, [...] eine ganz und gar müßige Wissenschaft [ist]«,[1] obwohl er auch hinzufügte, »aber macht sie die Sünde geltend, so ist sie eben damit über sich selbst hinaus«.

Kant glaubte an die Vernunft, Hegel glaubte an die Geschichte und für beide war dies eine Art Glaube an eine externe Realität. Moderne Denker:innen, die an keines von beidem mehr glauben, aber dennoch der Tradition verhaftet bleiben, arbeiten mit einem nackten Selbst, dessen einzige Tugenden Freiheit oder bestenfalls Aufrichtigkeit oder, im Falle der britischen Philosoph:innen, eine alltägliche Vernünftigkeit sind. An ihren anderen Fronten ist die Philosophie fleißig damit beschäftigt, das alte substantielle Bild des »Selbst« abzubauen, doch der Ethik ist es nicht gelungen, diesen Begriff für moralische Zwecke neu zu denken. Man stellt sich dementsprechend den moralischen Akteur vor als isoliertes Willensprinzip oder als winzigen Punkt des Bewusstseins in oder neben einem Seinsklumpen, der selbst wiederum an andere Disziplinen wie die Psychologie oder die Soziologie abgegeben worden ist. Auf der einen Seite eine luziferische Philosophie der Abenteuer des

1 Sören Kierkegaard, *Furcht und Zittern*, Gesammelte Werke, 4. Abt., übersetzt von Emanuel Hirsch, Gütersloh 1980, S. 112. A. d. Ü.

Willens, auf der anderen Naturwissenschaft. Die Moralphilosophie und sogar die Moral selbst sind somit einer unverantwortlichen und ziellosen Selbstbehauptung, die ohne Zögern dem nächstbesten pseudowissenschaftlichen Determinismus die Hand reicht, schutzlos ausgeliefert. Eine vage, ungeprüfte Ahnung der Kraft der Maschine wird kombiniert mit der Illusion, aus ihr herausspringen zu können. Der jüngere Sartre sowie viele britische Moralphilosoph:innen stehen für dieses letzte, trockene Destillat von Kants Weltanschauung. Das Studium der Motivation wird der empirischen Wissenschaft überlassen: Der Wille tritt sowohl an die Stelle von Motivkomplexen als auch an die Stelle von Tugendkomplexen.

Die Geschichte der britischen Philosophie seit Moore gleicht stark einer Miniaturdarstellung der besonderen Dilemmata der modernen Ethik. Der Empirismus, besonders in der Form, die Russell und später Wittgenstein ihm gaben, stieß die Ethik fast aus der Philosophie hinaus. Moralische Urteile waren weder tatsachenbezogen noch wahrheitsfähig und hatten keinen Platz in der Welt des *Tractatus*. Obwohl er selbst eine kuriose Metaphysik der »moralischen Tatsachen« vertrat, gab Moore dennoch die Richtung vor, als er uns anhielt, die Fragen »Welche Dinge sind ›gut‹?« und »Was bedeutet ›gut‹?« sorgfältig zu unterscheiden. Bei der Antwort auf die zweite Frage ging es um den Willen. Die Eigenschaft gut zu sein war undefinierbar (der Naturalismus war ein Fehlschluss), weil jeder Kandidat von jedem Individuum durch eine Bewegung des »Zurücktretens« erneut infrage gestellt werden konnte. Diese Form des Kantianismus hat noch immer eine hohe Anziehungskraft. Wittgenstein hatte die Idee des cartesischen Egos oder substantiellen Selbst angegriffen und Ryle und andere führten den Angriff fort. Eine Untersuchung der »Normalsprache« versprach (oft zu Recht), einzelne Probleme in der Erkenntnistheorie zu lösen, welche bis dahin unter Berufung auf Aktivitäten oder Vermögen eines »Selbst« diskutiert wurden. (Vgl. John Austins Buch über bestimmte Probleme der Wahrnehmung, *Sense and Sensibilia*.)

Die Ethik nahm in diesem Umfeld ihren Platz ein. Seit den kindischen Versuchen, moralische Aussagen als Ausrufe oder Gefühlsausdrücke zu klassifizieren, ist ein anspruchsvollerer Neokantianismus mit utilitaristischem Touch entwickelt worden. Der Akteur wird zwar weiterhin als ein privilegiertes Zentrum des Willens (stets fähig, einen Schritt »zurückzutreten«) gedacht. Aber da ihn das altmodische »Selbst« nicht länger einkleidet, tritt er als ein isolierter Wille auf, der auf dem Feld der Moral mit den Begriffen der »Normalsprache« arbeitet. (Obwohl Wittgensteins Werk dieses Bild vielen nahezulegen schien, ist es interessant, dass er selbst es niemals verwendete.) So ist also der Wille einerseits und die Psyche als Gegenstand der Naturwissenschaft andererseits voneinander und vom Rest der Philosophie isoliert. Der Kult der Normalsprache geht einher mit dem Anspruch, neutral zu sein. Frühere Moralphilosoph:innen sagten uns, was wir tun sollten, d. h., sie versuchten, beide Fragen Moores zu beantworten. Die Sprachanalyse behauptet schlicht, eine philosophische Beschreibung des menschlichen Phänomens der Moral zu liefern, ohne dabei ein moralisches Urteil zu fällen. Tatsächlich aber ist das resultierende Bild menschlichen Miteinanders von deutlicher moralischer Parteilichkeit. Die Werte, die in der Sprachanalyse hochgehalten werden, sind Freiheit (im Sinn von Ungebundenheit, Rationalität), Verantwortung, Selbsterkenntnis, Aufrichtigkeit und eine Menge utilitaristischer Menschenverstand. Natürlich wird Sünde mit keinem Wort erwähnt, ebenso wenig wie Liebe. Der Marxismus wird ignoriert und im Großen und Ganzen gibt es keine Annäherungsversuche an die Psychologie, obwohl Professor Hampshire durchaus versucht, eine Idee der Selbsterkenntnis hin zu einem idealen Endpunkt zu entwickeln, indem er sich eine »perfekte Psychoanalyse« vorstellt, die uns perfekte Selbsterkenntnis liefern und uns somit vollkommen ungebunden und frei machen würde.

Die Sprachanalyse wirft für die Ethik natürlich die Frage nach ihrer Beziehung zur Metaphysik auf. Kann Ethik eine Form von Empirismus sein? Viele Philosoph:innen in der Tradition von Oxford und Cambridge würden dies bejahen. Es ist sicherlich ein großer Verdienst dieser Tradition und einer, den ich keinesfalls aus den Augen verlieren möchte, dass sie jede Form falscher Einheit angreift. Es ist die traditionelle Inspiration von Philosophierenden, aber auch ihr traditionelles Laster, zu glauben, dass alles eins sei. Wittgenstein sagt: »Sehen wir hin.« Manchmal entpuppen sich Probleme als gänzlich unzusammenhängend und fordern Lösungstypen, die wiederum selbst in keinem System in engem Zusammenhang stehen. Vielleicht ist es eine Frage des Temperaments, ob man glaubt, dass alles eins ist. (Mein eigenes Temperament neigt zum Monismus.) Doch wir sollten die Frage verschieben, ob wir – wenn wir denn die locker entspannte empirische Ethik der britischen Tradition (eine fröhliche Verschmelzung von Hume, Kant und Mill) ablehnen und wenn wir die formaleren existentialistischen Systeme ebenso ablehnen – sie mit etwas ersetzen möchten, das eine metaphysische Theorie genannt werden müsste. Hier möchte ich bloß auf einige Aspekte verweisen, hinsichtlich derer ich das vorherrschende und populäre Bild für unrealistisch halte. Dabei wird offensichtlich werden, wie viel ich Simone Weil verdanke.

Vieles in der gegenwärtigen Moralphilosophie scheint unambitioniert und optimistisch. Unambitionierter Optimismus ist natürlich Teil der angelsächsischen Tradition; und es ist auch nicht weiter überraschend, dass eine Philosophie, die moralische Begriffe auf der Grundlage der Normalsprache analysiert, standardmäßig und mit Gelassenheit mittelmäßige Ergebnisse präsentiert. Ich denke, Gleiches gilt auch für den Existentialismus, auch wenn der Schein gelegentlich trügen mag. Hier wird von einem authentischen Existenzmodus gesprochen, der mit Intelligenz und Willenskraft erreichbar sei. Die so kreierte Atmosphäre wirkt belebend und gibt den Leser:innen ein Gefühl von Selbstzufriedenheit. Sie fühlen sich als Mitglieder einer Elite, die von einem anderen Mitglied direkt angesprochen werden. Verachtung für den Normalzustand des Menschen, gepaart mit der Überzeugung ihrer persönlichen Rettung, bewahrt die Autor:innen vor wirklichem Pessimismus. Ihre Schwermut ist oberflächlich und überdeckt ein Hochgefühl. (Ich glaube, dass dies auf unterschiedliche Weise sowohl auf Sartre als auch auf Heidegger zutrifft, auch wenn ich mir nie wirklich sicher bin, Letzteren verstanden zu haben.) Solche Herangehensweisen stehen im Gegensatz zu den verschwindenden Bildern christlicher Theologie, die Güte als nahezu unerreichbar schwierig und Sündhaftigkeit als nahezu unüberwindbaren und definitiv universellen Zustand vorstellen.

Doch die moderne Psychologie hat uns etwas vorgelegt, das man eine Lehre vom Sündenfall nennen könnte, eine Lehre, die die meisten Philosoph:innen entweder leugnen (Sartre), ignorieren (Oxford und Cambridge) oder möglichst harmlos aussehen lassen (Hampshire). Wenn ich hier von moderner Psychologie spreche, meine ich in erster Linie das Werk Freuds. Ich bin keine »Freudianerin« und die Richtigkeit dieser oder jener Ansicht interessiert mich hier nicht. Aber mir scheint, dass Freud eine wichtige Entdeckung über den menschlichen Geist gemacht hat und dass er nach wie vor der bedeutendste Wissenschaftler auf diesem von ihm erschlossenen Gebiet ist. Man könnte sagen, dass das, was er uns vorlegt, ein realistisches und detailliertes Bild des sündigen Menschen ist. Wenn wir die Grundzüge dieses Bildes ernst nehmen und gleichzeitig Moralphilosophie betreiben wollen, so sind wir gezwungen, die gegenwärtigen Annahmen über den Willen und unsere Motive gründlich zu überarbeiten. Was mir für unsere Zwecke wahr und wichtig in der Freud'schen Theorie erscheint, ist das Folgende. Freud hat eine durch und durch pessimistische Sicht auf die menschliche Natur. Er sieht die Psyche als egozentrisches System quasimechanischer Energie, das größtenteils determiniert ist von seiner eigenen individuellen Geschichte und dessen natürliche Bindungen sexuell, ambig und schwer für das Subjekt zu verstehen und zu kontrollieren sind. Die Introspektion enthüllt nur das tiefe Gewebe ambivalenter Motive; und Einbildung ist eine stärkere Kraft als Vernunft. Objektivität und Selbstlosigkeit sind keine natürlichen Eigenschaften des Menschen.

Freud sagt diese Dinge natürlich im Kontext einer naturwissenschaftlichen Therapie, deren Ziel es nicht ist, die Menschen gut zu machen, sondern sie funktionieren zu lassen. Wenn Moralphilosoph:innen solche Dinge sagen möchten, dürfen sie sie nicht mit naturwissenschaftlichen Argumenten rechtfertigen, sondern mit Argumenten, die der Philosophie angemessen sind; und sollten sie diese Dinge wirklich sagen, so sagen sie de facto nichts sehr Neues, da in mancher Hinsicht ähnliche Ansichten in der Philosophie bereits seit Platon geäußert wurden. Es ist wichtig, sich Freud und seine Nachfolger:innen genauer anzuschauen, weil sie uns mehr Informationen über einen Mechanismus liefern können, dessen allgemeine Natur wir ohne die Hilfe der Naturwissenschaft ausmachen können; und auch weil das Ignorieren der Psychologie eine Quelle der Verwirrung sein könnte. Manche Philosoph:innen (z. B. Sartre) halten die traditionelle psychoanalytische Theorie für eine Form des Determinismus und sind bereit, sie auf allen Ebenen zu leugnen. Und Philosoph:innen, die sie ignorieren, tun dies oft im Zuge eines leichtfertigen Abtretens derjenigen Aspekte des Geistes an die Naturwissenschaft, die eigentlich für sie von Interesse sein sollten. Aber der Determinismus als eine allumfassende philosophische Theorie ist nicht der Feind. Der Determinismus als philosophische Theorie ist völlig unbewiesen, und man könnte argumentieren, dass es prinzipiell unmöglich ist, Aussagen über Menschen, die Entscheidungen treffen und neue Sichtweisen formulieren, in die neutrale Sprache der Naturwissenschaft zu übersetzen. (Vgl. Hampshires kurze Besprechung dieses Punkts im letzten Kapitel seines Buchs *The Freedom of the Individual.*) Das Problem ist vielmehr, wie man die Tatsache, dass so viel des menschlichen Verhaltens von einer mechanischen Energie egozentrischer Art ausgeht, in der Moralphilosophie unterbringt und wie man Methoden des Umgangs mit ihr findet. Im moralischen Leben ist der Feind das dicke, unerbittliche Ego. Moralphilosophie sollte der Ort sein, an dem dieses Ego und die Techniken, mit denen es bezwungen werden kann (sollte es sie geben), diskutiert werden – in der Vergangenheit war sie auch tatsächlich manchmal dieser Ort. In der Hinsicht haben Moralphilosophie und Religion einige Ziele gemeinsam. Diese Behauptungen bedeuteten natürlich gleichzeitig die Leugnung des Anspruchs, dass Moralphilosophie um Neutralität bemüht sein sollte.

Was macht einen guten Menschen aus? Wie können wir uns moralisch verbessern? *Können* wir uns moralisch verbessern? Das sind Fragen, die Philosoph:innen versuchen sollten, zu beantworten. Bei näherem Nachdenken stellen wir fest, dass wir wenig über gute Menschen wissen. Es gibt Menschen in der Geschichte, die wir traditionell für gute Menschen halten (Christus, Sokrates, manche Heilige), doch wenn wir eingehender über sie nachdenken, so müssen wir erkennen, dass die vorhandenen Informationen über sie spärlich und vage sind und dass unsere Vorstellung von ihnen als gute Menschen, von den jeweiligen großen Auftritten einmal abgesehen, in erster Linie von der Einfachheit und der Direktheit ihrer Ausdrucksweise geprägt ist. Und wenn wir uns zeitgenössische Kandidat:innen für Güte anschauen, falls uns denn welche einfallen, finden wir sie wahrscheinlich obskur oder stellen bei näherer Betrachtung fest, dass sie von Schwäche und Verletzlichkeit gezeichnet sind. Güte ist scheinbar sowohl rar als auch schwer vorstellbar. Vielleicht treffen wir sie am überzeugendsten in einfachen Leuten an – in stillen, selbstlosen Müttern großer Familien –, aber solche Fälle sind auch die am wenigsten erhellenden.

Es ist wichtig zu konstatieren, dass in der westlichen Moralphilosophie die Idee der Güte (und der Tugend) größtenteils von der

Idee der Richtigkeit verdrängt worden ist, womöglich unterstützt von einer Auffassung von Aufrichtigkeit. Zu einem gewissen Grad ist das das natürliche Resultat des Verschwindens eines beständigen Hintergrunds, vor dem sich menschliche Aktivität abspielt: eines beständigen Hintergrunds, ob gestiftet von Gott, der Vernunft, der Geschichte oder vom Selbst. Der Akteur, dünn wie eine Nadel, tritt im schnellen Aufblitzen des sich entscheidenden Willens kurz in Erscheinung. Doch der Existentialismus selbst, zumindest in seinen französischen und angelsächsischen Varianten, macht mit einer gewissen Ehrlichkeit die Paradoxien seiner eigenen Grundannahmen deutlich. Sartre sagt uns, dass der Würfel bereits gefallen ist, wenn wir erwägen, und die Oxforder Philosophie hat keine ernsthafte Theorie der Motivation entwickelt. Die Freiheit des Akteurs, ja sein moralischer Wert, liegt in seinen Entscheidungen, und doch wird uns nichts darüber gesagt, was ihn auf seine Entscheidung vorbereitet. Sartre kann breitbeinig zugeben, dass wir aus einer Art präexistenten Verfassung heraus entscheiden, die er dann aber irritierenderweise auch zum Entscheidungsgegenstand macht. Und Richard Hare glaubt, dass die Bestimmung mentaler Daten wie beispielsweise »Absichten« philosophisch schwierig ist und wir besser davon ausgehen, dass der Mensch, moralisch betrachtet, der Summe seiner tatsächlichen Entscheidungen entspricht. Dass sichtbare Motive nicht notwendigerweise Handlungen zur Folge haben, nutzt Sartre als Sprungbrett zur Behauptung eines obskuren Postulats verantwortungsloser Freiheit; und dass Motive in der »Introspektion« nicht leicht erkennbar sind, ist für viele britische Philosoph:innen Entschuldigung genug, sie vergessen zu dürfen und stattdessen lieber über »Gründe« zu sprechen. Diese Sichtweisen sind, wie mir scheint, nicht nur wenig hilfreich für moralisch Suchende, sondern auch zutiefst unrealistisch. Moralische Entscheidungen sind oft mysteriöse Angelegenheiten. Kant dachte das auch und stellte sich das Mysterium als eine nicht wahrnehmbare Balance zwischen einem rein rationalen Akteur und einem unpersönlichen Mechanismus vor, bei der nichts von beidem das darstellt, was wir normalerweise unter Persönlichkeit verstehen; viel existentialistische Philosophie ist in dieser Hinsicht, wenn auch oft verdeckt, kantisch. Aber sollte das Mysterium der Entscheidung nicht auf eine andere Art gedacht werden?

Von Freud haben wir gelernt, uns den »Mechanismus« als etwas vorzustellen, das höchst individuell und persönlich und gleichzeitig sehr mächtig und für seinen Besitzer schwer begreifbar ist. Das Selbst der Psychoanalyse ist gewiss substantiell genug. Die existentialistische Vorstellung vom Entscheiden, ob surreal oder rational, scheint unrealistisch, allzu optimistisch und romantisch, weil sie dasjenige ignoriert, was zumindest dem Anschein nach eine Art beständiger Hintergrund mit Eigenleben ist – es muss im Gewebe dieses Eigenlebens sein, wo die Geheimnisse von Gut und Böse aufzuspüren sind. Weder die inspirierenden Ideen der Freiheit, der Aufrichtigkeit und der Gebote des Willens noch der schlichte, bodenständige Begriff einer rationalen Einsicht in unsere Pflichten scheinen hier dem gerecht zu werden, was uns wirklich ausmacht. Was uns wirklich ausmacht, scheint eher so etwas wie ein obskures Energiesystem zu sein, aus dem Entscheidungen und beobachtbare Willenshandlungen intervallartig fließen, und zwar auf Arten und Weisen, die oft unklar bleiben und vom Zustand des Systems zwischen den Entscheidungsmomenten abhängen.

Wenn das stimmt, dann könnte eines der Hauptprobleme der Moralphilosophie folgendermaßen formuliert werden: Gibt es Techniken zur Reinigung und Neuausrichtung einer von Natur aus selbstsüchtigen Energie, Techniken, deren Anwendung uns im Moment der Entscheidung größeres Vertrauen in die Richtigkeit unserer Handlungen geben kann? Und sollte es solche Techniken geben, so müssen wir auch danach fragen, ob sie einfach in einer quasipsychologischen oder vielleicht psychologischen Terminologie beschrieben werden sollten oder ob man auf systematisch-philosophische Art über sie sprechen kann. Ich habe schon erwähnt, dass eine pessimistische Sicht, der zufolge Güte der nahezu aussichtslose Kampf gegen einen mächtigen egozentrischen Mechanismus ist, bereits in der traditionellen Philosophie und in der Theologie existiert. Die Technik, die Platon für angemessen hielt, werde ich später diskutieren. Uns deutlich näher und vertrauter sind religiöse Techniken, von denen die am weitläufigsten praktizierte das Gebet ist. Was wird aus einer solchen Technik in einer Welt ohne Gott? Kann sie in etwas überführt werden, das uns zumindest einen Teil der Antwort auf unsere zentrale Frage gibt?

Das Gebet ist genau genommen kein Bittgesuch, sondern schlicht eine auf Gott gerichtete Aufmerksamkeit, die eine Form der Liebe ist. Hiermit einher geht der Gedanke der Gnade, einer übernatürlichen Unterstützung menschlicher Bemühungen, die empirische Beschränkungen der Persönlichkeit überwindet. Wie sieht eine derartige Aufmerksamkeit aus? Und können Menschen, die keinen religiösen Glauben besitzen, sich dennoch vorstellen, von einer solchen Aktivität zu profitieren? Wir wollen der Sache weiter nachgehen, indem wir darüber nachdenken, von welcher Beschaffenheit der traditionelle Gegenstand dieser Aufmerksamkeit war und mit welchen Mitteln er auf die ihn Anbetenden einwirkte. Ich möchte behaupten, dass Gott ein *einzelner, vollkommener, transzendenter, nichtabbildbarer und notwendigerweise wirklicher Gegenstand zugewandter Aufmerksamkeit* war (oder ist); und ich werde im Weiteren behaupten, dass die Moralphilosophie versuchen sollte, einen zentralen Begriff, der all diese Charakteristika vereint, zu bewahren. Ich werde sie nacheinander durchgehen, obwohl sie sich in großem Maße durchdringen und überlappen.

Schauen wir zuerst auf die Idee eines Gegenstands der Aufmerksamkeit. Religiös Gläubige, vor allem, wenn sie sich ihren Gott als Person vorstellen, sind in der glücklichen Lage, ihre Gedanken auf etwas fokussieren zu können, das eine Energiequelle ist. Solches Fokussieren mit solchen Auswirkungen ist für Menschen ganz natürlich. Man betrachte den Zustand des Verliebtseins. Man betrachte ferner den Versuch, das Verliebtsein zu zügeln und das Bedürfnis in einem solchen Fall nach einem neuen Objekt, dem man sich zuwenden kann. Wo starke Emotionen wie sexuelle Liebe oder Hass, Missgunst oder Eifersucht im Spiel sind, erreicht der »reine Wille« meist sehr wenig. Es nützt kaum etwas, zu sich selbst zu sagen: »Hör auf, verliebt zu sein; hör auf, missgünstig zu sein, sei gerecht.« Was benötigt wird, ist eine Neuausrichtung, die uns mit einer Energie anderer Art versorgt, von einer anderen Quelle. Man beachte die Metapher der Orientierung und des Schauens. Der neokantische, existentialistische »Wille« ist ein Prinzip reiner Bewegung. Aber wie schlecht dies doch beschreibt, wie es für uns ist, wenn wir uns verändern. Sich absichtlich von jemandem zu entlieben ist kein Sprung des Willens, sondern der Gewinn neuer Objekte für unsere Aufmerksamkeit und damit, als Ergebnis dieser Neufokussierung, der Gewinn neuer Energien. Die Metapher der Orientierung mag freilich auch auf Momente zutreffen, in denen eine »Willensanstrengung« unternommen wird, aber solche Willensanstrengungen sind nur ein Teil der Gesamtsituation. Dass Gott, wenn man sich ihm aufmerksam zuwendet, eine kraftvolle Quelle (oft guter) Energie ist, ist eine psychologische Tatsache. Es ist ebenfalls eine psychologische Tatsache, und zwar eine von Bedeutung in der Moralphilosophie, dass wir alle moralische Unterstützung erfahren können, wenn wir unsere Aufmerksamkeit auf wertvolle Dinge richten: tugendhafte Menschen, große Kunst, vielleicht (ich komme hierauf später zurück) die Idee der Güte selbst. Menschen »binden« sich von Natur aus, und wenn eine Bindung schmerzhaft oder schlecht scheint, so wird sie bereitwillig durch eine andere ersetzt. Bewusst praktizierte Aufmerksamkeit kann hierzu anregen. Das Ganze hat nichts Merkwürdiges oder Mystisches an sich, genauso wenig wie die Tatsache, dass unsere Fähigkeit, gut zu handeln, »wenn die Zeit gekommen ist«, teilweise oder vielleicht sogar größtenteils von der Qualität derjenigen Dinge abhängt, denen wir gewohnheitsmäßig unsere Aufmerksamkeit schenken. »Was wahrhaftig ist, was ehrbar, was gerecht, was rein, was liebenswert, was einen guten Ruf hat, sei es eine Tugend, sei es ein Lob – darauf seid bedacht!«[2]

Wenn man die Idee eines Gottes aufgibt, mag der Gedanke, dass Werte in irgendeinem Sinn einheitlich sein sollten oder dass es gar einen Begriff eines einzigen, höchsten Wertes geben sollte, alles andere als selbstverständlich scheinen. Warum sollte es nicht viele verschiedene Arten unabhängiger moralischer Werte geben? Warum sollte hier alles eins sein? Die Irrenhäuser der Welt sind gefüllt mit Menschen, die davon überzeugt sind, dass alles eins ist. Man könnte sagen, dass »alles ist eins« auf jeder Ebene außer der höchsten eine gefährliche Unwahrheit ist; und kann letztere überhaupt klar erkannt werden? Dass ein Glaube an die Einheit und auch an die hierarchische Ordnung der moralischen Welt psychologische Bedeutung hat, ist ziemlich eindeutig. Der Gedanke, dass »alles irgendwie Sinn machen muss« oder dass »es hier eine beste Entscheidung gibt«, schützt vor Verzweiflung: Die Schwierigkeit besteht darin, an diesem tröstenden Gedanken auf eine Weise festzuhalten, die nicht falsch ist. Sobald einem ein Gedanke ein Trost ist, wächst die Tendenz, ihn zu verfälschen: Daher stammt die traditionell schwierige Frage, wie man verhindern kann, dass der Gedanke Gottes im Geist des Gläubigen verkümmert. Es stimmt, dass der Intellekt natürlicherweise nach Einheit sucht; und beispielsweise in

2 Philipper 4,8. A. d. Ü.

den Naturwissenschaften ist es so, dass die Annahme einer Einheit die Forschenden regelmäßig belohnt. Aber wie kann diese gefährliche Idee in der Moralphilosophie genutzt werden? Es hat keinen Zweck, die Normalsprache nach einer Einschätzung zu fragen, da wir es mit Begriffen zu tun haben, die weder in der Normalsprache vorkommen noch auf unmissverständliche Weise mit normalen Wörtern verwoben sind. Die Normalsprache ist keine Philosophin.

Wir könnten aber dennoch bei einer normalsprachlichen Situation ansetzen, indem wir über die Tugenden nachdenken. Die Begriffe der Tugenden und die alltagssprachlichen Wörter, die sie bezeichnen, sind wichtig, weil sie dabei helfen, bestimmte potentiell nebulöse Erfahrungsfelder für eine genauere Untersuchung zu erschließen. Wenn wir über die Natur der Tugenden nachdenken, kommen wir immer an einen Punkt, an dem wir die Beziehungen der Tugenden zueinander betrachten. Der Gedanke einer »Ordnung« der Tugenden drängt sich auf, obwohl es natürlich schwierig sein dürfte, ihn auf systematische Weise zu formulieren. Wenn wir beispielsweise über Mut nachdenken und uns fragen, warum wir ihn für eine Tugend halten, welche Art des Muts die höchste ist, was Mut unterscheidet von Voreiligkeit, Ungestümheit, Selbstbehauptung und so weiter, dann sind wir gezwungen, in unserer Erklärung auf die Namen anderer Tugenden zurückzugreifen. Die beste Art des Muts (diejenige, die einen Menschen in einem Konzentrationslager dazu bringt, selbstlos zu handeln) ist standhaft, ruhig, gemäßigt, intelligent, liebend … Dies ist vielleicht noch keine exakt zutreffende Beschreibung, aber es ist eine Beschreibung der richtigen Sorte. Ob es ein einziges, höchstes Prinzip in der vereinten Welt der Tugenden gibt und ob der Name dieses Prinzips Liebe ist, werde ich weiter unten diskutieren. Hier möchte ich nur nahelegen, dass das Nachdenken richtigerweise dazu tendiert, die moralische Welt zu einen, und dass eine wachsende moralische Ausdifferenziertheit eine immer größere Einheit offenbart. Was macht einen gerechten Menschen aus? Das verstehen wir, wenn wir die Beziehung verstehen, in der die Gerechtigkeit zu anderen Tugenden steht. Derlei Reflexionen benötigen und generieren ein reichhaltiges und breit gefächertes Vokabular, mit dem wir Aspekte der Güte benennen können. Es ist ein Manko von großen Teilen der gegenwärtigen Moralphilosophie, dass sie der Auseinandersetzung mit den einzelnen Tugenden aus dem Weg gehen und es stattdessen bevorzugen, direkt zu einem höchsten *(sovereign)* Begriff wie Aufrichtigkeit oder Authentizität oder Freiheit überzugehen. Auf diese Weise wird uns eine ungeprüfte und leere Idee von Einheit aufgedrückt und unser moralischer Wortschatz in einem wichtigen Bereich dem Verfall überlassen.

Wir haben von einem »Gegenstand der Aufmerksamkeit« gesprochen sowie von einem unvermeidlichen Gefühl von »Einheit«. Wir sollten nun, drittens, über die deutlich schwierigere Idee der »Transzendenz« nachdenken. Alles, was bisher gesagt wurde, konnte ohne Unterstützung seitens der Metaphysik gesagt werden. Doch nun mag man mich fragen: Sprechen Sie von einer transzendenten Autorität oder von einem psychologischen Hilfsmittel? Mir scheint die Idee des Transzendenten in der ein oder anderen Form zur Moral zu gehören: Aber sie ist nicht leicht zu interpretieren. Wie so viele dieser großen, schwer fassbaren Ideen nimmt sie leicht Formen an, die falsch sind. Genauso wie es eine vom modernen Empirismus hervorgebrachte falsche Einheit gibt, gibt es eine falsche Transzendenz: eine Transzendenz, die im Endeffekt schlicht einer Ausgrenzung, einer Verbannung des Moralischen in ein Schattendasein von emotiver Sprache, Imperativen, Verhaltensmustern und Einstellungen gleichkommt. Der »Wert« gehört nicht in die Welt von Wahrheitsfunktionen, in die Welt von Naturwissenschaft und Tatsachenbehauptungen. Dementsprechend muss er woanders leben. Er wird dann irgendwie dem menschlichen Willen angehängt: ein Schatten, der sich an einen anderen Schatten klammert. Das Ergebnis ist die Art von trostlosem Moralsolipsismus, wie ihn so viele sogenannte Ethikbücher vermitteln. Ein Werkzeug, mit dem wir diese falsche Transzendenz in ihren vielen Gestalten kritisieren können, hat uns Marx mit dem Begriff der Entfremdung an die Hand gegeben. Aber gibt es denn eine wahre Transzendenz oder ist diese Idee immer nur ein tröstender Traum, den menschliche Bedürfnisse auf einen leeren Himmel projizieren?

Es ist schwer, hier präzise zu sein. Man könnte mit der Behauptung beginnen, dass Moral, dass Güte eine Art Realismus ist. Die Vorstellung eines wirklich guten Menschen, der in einer privaten Traumwelt lebt, scheint inakzeptabel. Natürlich kann ein guter Mensch unendlich exzentrisch sein, doch mit bestimmten Aspekten seiner Umwelt muss er vertraut sein, zuvorderst natürlich mit der Existenz anderer Leute und ihren Ansprüchen. Der größte Feind moralischer (und künstlerischer) Vortrefflichkeit ist die persönliche Einbildung: das Gewebe selbstherrlicher und tröstlicher Wünsche und Träume, das uns daran hindert, zu sehen, was außerhalb von uns existiert. Rilke sagte über Cézanne, dass er nicht »Ich liebe dieses hier« malte, sondern »Hier ist es«.[3] Das ist nicht leicht und man braucht Disziplin, ob in der Kunst oder der Moral. Man könnte sagen, dass die Kunst hier eine vortreffliche Analogie zur Moral, oder gar, dass sie in dieser Hinsicht ein Fall von Moral ist. Wir hören auf zu sein, um uns der Existenz von etwas anderem, einem natürlichen Gegenstand, einer bedürftigen Person, zuzuwenden. In mittelmäßiger Kunst, vielleicht klarer noch als in mittelmäßigem Benehmen, werden die Macht der Einbildung, die Behauptung des Selbst, die Verdunklung jeglicher Reflexion über die reale Welt sichtbar.

Man mag nun akzeptieren, dass unsere Aufmerksamkeit korrekterweise nach außen, weg vom Selbst, gerichtet werden sollte, doch wird man zu bedenken geben, dass es ein langer Weg ist von der Idee des Realismus zu der Idee der Transzendenz. Ich glaube aber durchaus, dass die beiden Ideen miteinander zusammenhängen und dass man ihren Zusammenhang besonders gut in Momenten beobachten kann, in denen wir der Schönheit gewahr werden. Die Verbindung besteht hier im Begriff der Unzerstörbarkeit oder der Unverderbbarkeit. Was wahrhaftig schön ist, ist »unzugänglich« und kann weder besessen noch zerstört werden. Die Statue geht kaputt, die Blume verwelkt, die Erfahrung hört auf, und doch bleibt etwas von Vergänglichkeit und Sterblichkeit unberührt. Fast alles, was uns tröstet, ist ein Schwindel, und es ist schwer zu verhindern, dass diese Idee in einen vagen Shelley'schen Mystizismus zerfällt. Im Fall der Idee eines transzendenten persönlichen Gottes scheint ein solcher Zerfall unaufhaltbar zu sein: Während ich dies schreibe, sitzen Theolog:innen an ihren Schreibtischen und bemühen sich, die Folgen dieses Zerfalls rückgängig zu machen. Im Fall der Schönheit, ob in Kunst oder Natur, ist das Gefühl der Unabhängigkeit vom zeitlichen Geschehen vielleicht verbunden mit den Begriffen der Formvollkommenheit und »Autorität«, die sich nicht leicht ins Moralische übertragen lassen. Ich bin nicht sicher,

3 Brief von Rainer Maria Rilke an Clara Rilke, 13. Oktober 1907, in Rainer Maria Rilke, *Briefe über Cézanne*, herausgegeben von Clara Rilke, Wiesbaden 1952, S. 28. A. d. Ü.

ob wir hier eine Analogie oder einen Beispielsfall vor uns haben. Es ist, als könne man die Schönheit selbst auf eine Art sehen, auf die man die Güte selbst nicht sehen kann. (Platon sagt dies in *Phaidros 250E.*) Die Transzendenz des Schönen kann ich *erfahren*, nicht aber (glaube ich) die Transzendenz des Guten. Schöne Dinge beinhalten Schönheit auf eine Weise, auf die gute Taten nicht direkt das Gute beinhalten, weil Schönheit zum Teil eine Angelegenheit der Sinne ist. Wenn wir also vom Guten als etwas Transzendentem reden, so reden wir über etwas Komplizierteres, das nicht erfahrbar ist, sogar dann nicht, wenn wir den selbstlosen Menschen im Konzentrationslager vor uns sehen. Man mag versucht sein, hier auf das Wort »Glaube« *(faith)* zurückzugreifen, wenn es von seinen religiösen Assoziationen gereinigt werden könnte. »Was wahrhaft gut ist, kann weder verdorben noch zerstört werden.« »Güte ist nicht in dieser Welt.« Diese Sätze klingen wie höchst metaphysische Behauptungen. Können wir ihnen einen klaren Sinn geben, oder sind sie bloß Dinge, die wir »geneigt sind zu sagen«?

Ich denke, dass die Idee der Transzendenz mit zwei unterschiedlichen Ideen zusammenhängt, mit denen ich mich weiter unten eingehender befassen werde, *Vollkommenheit* und *Gewissheit.* Sind wir uns nicht dessen gewiss, dass es eine »wahre Richtung« hin zu besserem Verhalten gibt, dass Güte »wirklich wichtig ist«? Und legt diese Gewissheit eines Standards uns nicht eine Idee von Permanenz nahe, die nicht auf ein Set psychologischer oder anderer empirischer Begrifflichkeiten reduziert werden kann? Es ist wahr, und dies hängt mit den bereits angestellten Überlegungen unter dem Überbegriff »Aufmerksamkeit« zusammen, dass es eine psychologische Kraft gibt, die sich von der bloßen Vorstellung eines transzendenten Objekts herleitet, und, so mag man ferner sagen, von einem transzendenten Objekt, das zu einem gewissen Grad mysteriös ist. Eine reduktive Analyse in beispielsweise freudianischen oder marxistischen Begrifflichkeiten scheint hier nur im Hinblick auf eine verflachte Form eines Gedankens angebracht, von dem man aber nach wie vor mit Gewissheit annimmt, dass er in einer höheren und unverletzbaren Form existiert. Die Idee ist zugegebenermaßen nach wie vor sehr schwierig. Wie soll man einen Realismus, mit dem man klaren Auges das Elend und das Böse der Welt reflektiert, mit einer Ahnung von einem unverderbbaren Guten verbinden, ohne dass letztere Idee zu einem bloß tröstenden Traum wird? (Ich glaube, diese Formulierung trifft ein zentrales Problem der Moralphilosophie.) Und wie kann es sein, dass Menschen, die weder religiös Gläubige noch Mystiker:innen sind, eine separate »Idee« der Güte hinter den variantenreichen Fällen guten Verhaltens erfassen? Sollte diese Idee nicht reduziert werden auf die deutlich greifbarere Vorstellung der Wechselbeziehung der Tugenden, zusammen mit einem rein subjektiven Empfinden von der Gewissheit von Urteilen?

An diesem Punkt mag die Hoffnung auf eine Antwort auf diese Fragen uns dazu bringen, die nächsten und eng verwandten »Attribute« zu untersuchen: *Vollkommenheit* (das absolut Gute) und *notwendige Existenz*. Diese Attribute sind in der Tat so eng miteinander vernetzt, dass sie aus manchen Perspektiven identisch sind. (Ontologischer Beweis.) Es mag seltsam anmuten sich zu fragen, ob die Idee der Vollkommenheit (im Gegensatz zur Idee des Verdienstes oder der Idee der Verbesserung) eine wirklich wichtige ist und welche Art von Rolle sie spielen kann. Nun, ist es denn wichtig, Dinge zu messen und zu vergleichen und zu wissen, wie gut sie sind? In allen Lebensbereichen, die uns interessieren und von Belang sind, würden wir diese Frage meiner Ansicht nach mit Ja beantworten. Ein tiefes Verständnis jedweden Bereichs menschlicher Aktivität (Malerei beispielsweise) geht einher mit einer zunehmenden Offenbarung von Graden der Vortrefflichkeit, und oft mit einer Offenbarung der Tatsache, dass es in diesem Bereich bisher tatsächlich wenig sehr Gutes und gar nichts Vollkommenes gibt. Wachsende Kenntnis über das menschliche Verhalten funktioniert auf ähnliche Weise. Wir erkennen Skalen, Entfernungen, Standards und sind vielleicht geneigt, Dinge als suboptimal zu betrachten, die wir vorher haben »durchgehen lassen«. (Dies muss natürlich der Tugend der Toleranz nicht im Weg stehen: Die Toleranz kann, ja sollte sogar den Dingen ins Auge sehen.) Die Idee der Vollkommenheit wirkt also innerhalb eines jeden Bereichs, in dem es etwas zu lernen gibt, und sorgt für einen wachsenden Richtungssinn. Hiermit sage ich möglicherweise nichts besonders Überraschendes; und Reduktionist:innen können immer noch dafür argumentieren, dass eine immer differenziertere Sicht auf die Dinge nicht unbedingt etwas jenseits ihrer selbst implizieren muss. Die Idee der Vollkommenheit könnte gewissermaßen leer sein.

Schauen wir uns nun unser Verhalten an. Was machen wir mit

dem Gebot »Darum sollt ihr vollkommen sein«?[4] Wäre es nicht sinnvoller zu sagen: »Darum sollt ihr euch ein bisschen verbessern«? Manche Psycholog:innen warnen, dass uns zu hoch gesteckte Standards neurotisch machen. Mir scheint, dass sich in diesem Kontext die Idee der Liebe zwangsläufig einstellt. Die Idee der Vollkommenheit bewegt uns und verändert uns womöglich (als Kunstschaffende, Arbeitende, Handelnde), weil sie im besten Teil von uns Liebe entfacht. Man kann keine ungemischte, reine Liebe für einen mittelmäßigen Moralstandard empfinden, genauso wenig wie für das Werk mittelmäßiger Künstler:innen. Auch ist die Idee der Vollkommenheit eine ganz natürliche Erzeugerin von Ordnung. In ihrem *Licht* erkennen wir, dass A, das oberflächlich so aussieht wie B, in Wirklichkeit besser ist als B. Und dies kann geschehen, ja muss geschehen, ohne dass wir die höchste *(sovereign)* Idee in irgendeiner Weise »fixiert« hätten. Es liegt ja vielmehr in ihrer Natur, dass sie nicht fixierbar ist. Dies ist der wahre Sinn der »Undefinierbarkeit« des Guten, die von Moore und seiner Anhängerschaft einen vulgären Sinn bekam. Das Gute liegt immer jenseitig, und aus diesem Jenseits heraus lässt es seine *Autorität* walten. Hier scheint das Wort erneut auf natürliche Weise angebracht, und wir können solches Wirken am deutlichsten in der Arbeit von Kunstschaffenden beobachten. Wahre Kunstschaffende sind gehorsam gegenüber einem Vollkommenheitsgedanken, zu dem sie ihr Werk auf scheinbar externe Weise kontinuierlich und immer aufs Neue in Verbindung setzen. Man kann natürlich versuchen, die Idee der Vollkommenheit zu »verkörpern«, indem man zu sich sagt: »Ich möchte schreiben wie Shakespeare« oder »Ich möchte malen wie Piero«. Aber natürlich weiß man auch, dass Shakespeare und Piero keine Götter sind, wenn auch fast, und dass man seine Sache für sich allein und anders machen muss und dass es jenseits der Details von Handwerk und Kritik nur die magnetische, nichtabbildbare Idee des Guten gibt, die nicht »leer«, sondern vielmehr mysteriös bleibt. Und so ist es auch im Bereich menschlichen Verhaltens.

Vielleicht wendet man nun ein: Sind diese Beobachtungen nicht einfach empirische Verallgemeinerungen über die Psychologie des Sichanstrengens und Sich-verbessern-Wollens, oder welchen Stellenwert würden Sie ihnen gern zuschreiben? Ist es einfach eine Sache

4 Matthäus 5,48. A. d. Ü.

von »Es funktioniert« oder von »Es ist, als ob es so wäre«? Wir wollen darüber nachdenken, was die Antwort hierauf sein könnte, wenn unser Diskussionsgegenstand nicht das Gute, sondern Gott wäre. Gott existiert *notwendigerweise*. Alles andere, das existiert, existiert kontingenterweise. Was kann das bedeuten? Ich gehe davon aus, dass es keinen plausiblen »Beweis« für die Existenz Gottes gibt, außer einer Art des ontologischen Gottesbeweises, ein »Beweis«, der in der Theologie übrigens infolge der jüngsten »Demythologisierung« gerade an Bedeutung gewinnen muss. Wenn er sorgfältig durchdacht wird, dann wird der ontologische Beweis aber nicht wirklich als Beweis, sondern vielmehr als klares Bekenntnis zum Glauben betrachtet (es wird oft eingeräumt, dass er nur für diejenigen geeignet ist, die bereits überzeugt sind), das mit Inbrunst nur auf der Grundlage einer Menge Erfahrung gemacht werden kann. Dieses Bekenntnis kann auf verschiedene Weisen formuliert werden. Das Verlangen nach Gott ist sich einer Antwort sicher. Meine Auffassung von Gott enthält die Gewissheit ihrer eigenen Realität. Gott ist ein Gegenstand der Liebe, der auf einzigartige Weise Zweifel und Relativismus ausschließt. Solch obskure Behauptungen würden auf wenig Sympathie von Seiten analytischer Philosoph:innen stoßen, die deren Inhalt in psychologische Tatsachen und metaphysischen Unsinn aufteilen und vielleicht anmerken würden, dass man genauso gut Händels »Ich weiß, daß mein Erlöser lebet!« als philosophisches Argument anbringen könnte. Ob sie damit bei »Gott« richtig liegen, lasse ich dahingestellt: Was aber ist mit dem Schicksal des »Guten«? Die Schwierigkeiten scheinen ähnlich. Welchen Stellenwert können wir der Idee der Gewissheit geben, die sich an die Idee des Guten anzuhängen scheint? Oder der Vorstellung, dass wir etwas im Gegenzug bekommen, wenn wir das Gute aufrichtig begehren? (Der Begriff der Gnade kann ohne Weiteres säkularisiert werden.) Was hier formuliert wird, klingt weder nach einem »Es ist, als ob es so wäre« noch nach einem »Es funktioniert«. Natürlich muss man hier, wie auch im Falle Gottes, jegliche schwere materielle Konnotation des irreführenden Wortes »existiert« vermeiden. Gleichermaßen scheint aber auch eine rein subjektive Überzeugung der Gewissheit, die man leicht psychologisch erklären könnte, nicht genug zu sein. Könnten akribisch arbeitende Sprachanalytiker:innen das Problem wirklich restlos in Einzelteile zerlegen, die sie dann allesamt als neutral und unverfänglich erachten würden?

Vielleicht können wir ein wenig mehr Licht in die Sache bringen, wenn wir nun nach dieser Zwischendiskussion zur Idee des *»Realismus«* zurückkehren, die weiter oben in einem normativen Sinn verwendet wurde: Das heißt, es wurde angenommen, dass es besser ist zu wissen, was wirklich ist, als in einem Zustand von Illusion oder Einbildung zu verharren. Es ist wahr, dass Menschen nur ein geringes Maß an Realität aushalten können. Eine genauere Betrachtung der Anstrengung, die nötig ist, um der Realität ins Auge zu sehen, und welche Techniken hier hilfreich sind, könnte sowohl die Notwendigkeit oder Gewissheit, die »dem Guten« anzuhängen scheint, beleuchten als auch zu einer Neuinterpretation von »Wille« und »Freiheit« in Bezug auf den Begriff der Liebe führen. Erneut scheint mir hier Kunst der Schlüssel zu sein. In der Kunst finden wir die greifbarsten Beispiele der nahezu unwiderstehlichen menschlichen Neigung, Trost in Einbildung zu suchen. Ebenfalls finden wir hier die greifbarsten Beispiele des Widerstandskampfes gegen genau diese Neigung, Beispiele der Sicht auf die Realität, die sich mit dem Erfolg einstellt. Erfolg ist allerdings rar. Fast alle Kunst ist eine Form eingebildeten Trosts und nur wenige Künstler:innen schaffen es, die Wirklichkeit in den Blick zu bekommen. Das Talent von Künstler:innen wird gern und ohne zu zögern dafür eingesetzt, Bilder zu erschaffen, deren Zweck im Trost und in der Selbsterhöhung ihrer Schöpfer:innen, im Projizieren persönlicher Obsessionen und Begierden besteht. Das Selbst zum Schweigen zu bringen, es rauszuwerfen, die Welt zu betrachten und mit klarem Auge zu skizzieren, ist nicht einfach und bedarf moralischer Disziplin. Große Künstler:innen sind im Hinblick auf ihr Werk gute Menschen. Und sie sind im wahrsten Sinn des Wortes freie Menschen. Die Kunstkonsumierenden haben eine Aufgabe, die analog zur Aufgabe der Kunstproduzierenden ist: Sie müssen hinreichend diszipliniert sein, um genauso viel Wirklichkeit im Werk zu erkennen, wie der Künstler oder die Künstlerin erfolgreich hineingelegt hat, und dürfen das Werk nicht »als Magie gebrauchen«.[5] Die Wertschätzung der Schönheit in Kunst und Natur ist nicht nur (trotz aller Schwierigkeiten) die leichteste der verfügbaren spirituellen Übungen; sie ist auch ein absolut adäquater Einstieg in das gute Leben (und ihm nicht nur analog), da sie *darin besteht*,

5 Zitat aus W. H. Auden, »Squares and Oblongs«. A. d. Ü.

die Selbstsucht in Schach zu halten, um das Wirkliche zu sehen. Natürlich sind große Künstler:innen »Persönlichkeiten« und haben ihren eigenen Stil; sogar bei Shakespeare kommt gelegentlich, wenn auch selten, eine persönliche Obsession zum Vorschein. Die größte Kunst aber ist unpersönlich, weil sie uns die Welt, unsere Welt und keine andere, mit einer Klarheit zeigt, die uns deshalb überrascht und begeistert, weil wir die reale Welt zu betrachten überhaupt nicht gewohnt sind. Natürlich sind Künstler:innen auch Modellbauer:innen. Die Frage nach der Form und nach »wie viel Form« ist eins der Hauptprobleme der Kunst. Doch wenn Form dazu genutzt wird, etwas Wahres zu isolieren, ihm nachzugehen, es darzustellen, dann sind wir in höchstem Maße berührt und erleuchtet. Platon sagt (*Politeia*, VII, 532), dass die *technai* die Kraft haben, den besten Seelenteil zur Sicht auf dasjenige zu führen, was in der Wirklichkeit am vortrefflichsten ist. Dies beschreibt gut die Rolle großer Kunst als Erzieherin und Enthüllerin. Man denke nur daran, was wir alles lernen, wenn wir uns näher mit den Charakteren von Shakespeare und Tolstoi oder den Gemälden von Velásquez oder Tizian befassen. Wir lernen hier etwas über die wirkliche Beschaffenheit *(quality)* der menschlichen Natur, wenn sie von gerechten, mitfühlenden und klarsehenden Künstler:innen auf eine Weise ins Auge gefasst wird, zu der wir in der selbstzentrierten Hast des Alltags kaum fähig sind.

Ebenso ist es wichtig, dass große Kunst uns lehrt, wie reale Dinge angeschaut und geliebt werden können, ohne besessen und benutzt, ohne dem gierigen Organismus des Selbst einverleibt zu werden. Diese Übung des *Sich-selbst-Herausnehmens* ist ebenso schwierig wie wertvoll, ob der betrachtete Gegenstand nun ein Mensch oder eine Baumwurzel oder das Vibrieren einer Farbe oder eines Klanges sei. Eine unsentimentale Betrachtung der Natur weist ebenfalls diese Eigenschaft des Sich-selbst-Herausnehmens auf: Selbstsüchtige Anliegen verschwinden, nichts existiert außer den Dingen, die gesehen werden. Schönheit zieht diese bestimmte Art selbstloser Aufmerksamkeit an. Welche Rolle Genauigkeit und gute Beobachtungsgabe hier sowohl für Kunstschaffende als auch für Betrachtende spielt, ist offensichtlich: unsentimentale, selbstlose, objektive Aufmerksamkeit. Genauso klar ist, dass in moralischen Situationen eine ähnliche Genauigkeit gefragt ist. Ich würde behaupten wollen, dass uns die Autorität des Guten deshalb als etwas

Notwendiges erscheint, weil der für Güte erforderliche Realismus (die Fähigkeit, die Wirklichkeit wahrzunehmen) in einer Art intellektuellen Fähigkeit zur Wahrnehmung dessen, was wahr ist, besteht – eine Fähigkeit, die automatisch zugleich eine Unterdrückung des Selbst ist. *Die Notwendigkeit des Guten ist also ein Aspekt der Art von Notwendigkeit, die in jeder Technik zur Offenlegung und Darstellung von Tatsachen eine Rolle spielt.* Wenn wir dementsprechend nun den Realismus, ob den der Kunstschaffenden oder den der Akteure, als eine moralische Leistung betrachten, dann muss natürlich eine weitere Annahme über den Bereich der Moral gemacht werden: dass wahres Sehen gutes Verhalten veranlasst. Das könnte einfach als erhellende Tautologie geäußert werden: Doch ich denke, dass es durchaus mit Verweisen auf die Erfahrung gestützt werden kann. Je mehr die Getrenntheit und Verschiedenheit anderer Leute realisiert wird, je mehr die Tatsache gesehen wird, dass ein anderer Mensch Bedürfnisse und Wünsche hat, die genauso fordernd sind wie die eigenen, desto schwerer fällt es, eine Person als Sache zu behandeln. Dass es Realismus ist, der Kunst zu großer Kunst macht, ist zusätzlich eine Art Beweis.

Wenn wir die Spur der Kunst weiterverfolgen und über das Vermögen nachdenken, das uns mit dem, was wirklich ist, in Beziehung setzen und uns so zu dem, was gut ist, bringen soll, so wird sich die Idee des Mitgefühls oder der Liebe natürlicherweise aufdrängen. Es geht nicht nur darum, dass das Selbst unterdrückt werden muss, bevor akkurate Sicht erlangt werden kann. Große Künstler:innen sehen ihre Gegenstände (egal ob sie traurig, absurd, abscheulich oder gar böse sind) in einem Licht der Gerechtigkeit und Barmherzigkeit. Die Ausrichtung der Aufmerksamkeit geht, wider die Natur, nach außen, weg vom Selbst, das alles auf eine falsche Einheit reduziert, hin zur großen, überraschenden Vielseitigkeit der Welt – und die Fähigkeit, unsere Aufmerksamkeit so auszurichten, ist Liebe.

An dieser Stelle möchte man vielleicht kurz innehalten und das sich abzeichnende Bild menschlicher Persönlichkeit, oder der Seele, genauer betrachten. Es ist unser Vermögen zu lieben, d. h. zu *sehen*, das unsere Seele von Einbildung befreit. Die Art Freiheit, die ein wirklich angemessenes Ziel menschlichen Strebens ist, ist die Freiheit von Einbildung, d. i. der Realismus des Mitgefühls. Was ich Einbildung genannt habe, die Wucherung von blendenden, egozentrischen Zielen und Vorstellungen, ist ihrerseits ein mächtiges Energiesystem, und der Großteil dessen, was oft ›Wille‹ oder ›wollen‹ genannt wird, ist Teil dieses Systems. Was diesem System entgegenwirkt, ist auf die Realität gerichtete Aufmerksamkeit, inspiriert von, bestehend aus Liebe. Im Fall von Kunst und Natur wird eine solche Aufmerksamkeit direkt mit einem Schönheitsgenuss belohnt. Doch im Fall der Moral ist der Gedanke einer Belohnung unangebracht, auch wenn es manchmal Belohnungen gibt. Freiheit besteht streng genommen nicht in der Ausübung des Willens, sondern in der Erfahrung akkurater Sicht, die, wenn es das Gesehene verlangt, Handlungen veranlasst. Es ist dasjenige, was hinter und zwischen Handlungen liegt und was sie veranlasst, das wichtig ist. Und es ist dieser Bereich, der gereinigt werden sollte. Wenn der Moment einer Entscheidung gekommen ist, hat die Beschaffenheit *(quality)* unserer Aufmerksamkeit die Natur der Handlung wahrscheinlich bereits bestimmt. Aus dieser Tatsache heraus entsteht diese seltsame Trennung zwischen bewusst gemachten Motiven und tatsächlicher Handlung, die manchmal fälschlicherweise für eine Freiheitserfahrung gehalten wird. *(Angst.)* Natürlich soll das nicht heißen, dass gute »Willensanstrengungen« immer nutzlos oder immer unecht sind. Deutliches und unmittelbares »Wollen« kann durchaus eine Rolle spielen, besonders als hemmender Faktor. (Sokrates' Daimonion sagte ihm nur, was er nicht tun sollte.)

In einem solchen Bild scheinen die sonst so beliebten Werte der Aufrichtigkeit und der Selbsterkenntnis weniger wichtig zu sein. Es ist eine Zuwendung zu dem, was außerhalb des Einbildungsmechanismus liegt, die befreit – nicht die genaue Untersuchung des Mechanismus selbst. Oft bestärkt eine genaue Untersuchung des Mechanismus ihn lediglich in seiner Macht. »Selbsterkenntnis« im Sinn eines exakten Verständnisses der eigenen Maschinerie scheint mir, außer auf einer sehr basalen Ebene, meistens etwas Fiktives zu sein. Das Gefühl einer solchen Selbsterkenntnis kann natürlich aus therapeutischen Gründen in einer Analyse herbeigeführt werden, aber die »Heilung« beweist nicht die Echtheit dieser angeblichen Erkenntnis. Das Selbst gerecht zu sehen, ist genauso schwer, wie andere Dinge gerecht zu sehen; und wenn man das Selbst klar sieht, dann ist es ein entsprechend kleineres und weniger interessantes Objekt. Einer der Hauptfeinde einer solchen klaren Sicht, ob in der Kunst oder der Moral, ist das System, dem man die technische Bezeichnung »Sadomasochismus« gegeben hat. Es ist die eigentümliche Geschicklichkeit dieses Systems, dass es, während es Aufmerksamkeit und Energie kontinuierlich zurück zum Selbst leitet, seine glaubwürdigen Imitationen des Guten gewissermaßen auf die Spitze treiben kann. Raffinierter Sadomasochismus schafft es, Kunstwerke zu ruinieren, die zu gut sind, um sich von den kruden Vulgaritäten der Selbstgefälligkeit ruinieren zu lassen. Das eigene Selbst ist interessant, deshalb sind auch die eigenen Motive und deren Unwürdigkeit interessant. Ebenfalls faszinierend ist die angebliche Beziehung des Herren zum Sklaven, des guten Selbst zum schlechten Selbst, die eigenartigerweise in solch seltsame Kompromisse mündet. (Kafkas Kampf mit dem Teufel endet im Bett.) Das schlechte Selbst ist bereit zu leiden, nicht aber zu gehorchen, bis die beiden Selbste Freunde geworden sind und Gehorsam einigermaßen leichtfällt, oder zumindest unterhaltsam ist. In Wirklichkeit ist das gute Selbst äußerst klein und das meiste, was gut scheint, ist es nicht. Das wahrhaft Gute tritt dem Schlechten nicht als freundlicher Tyrann gegenüber, sondern als sein Todfeind. Sogar das Leiden selbst kann hier eine dämonische Rolle spielen und die Ideen von Schuld und Strafe können zu den subtilsten Werkzeugen des erfinderischen Selbst werden. Die Idee des Leids verwirrt den Geist und tritt in manchen Kontexten (dem Kontext der »ehrlichen Selbst-Prüfung« beispielsweise) gern maskiert als innere Reinigung auf. Doch das Leid reinigt nur selten, denn dafür ist es – außer wenn es wirklich sehr intensiv ist – viel zu interessant. Platon sagt nicht, dass Philosophie das Studium des Leids ist, er sagt, sie ist das Studium des Todes (*Phaidon* 64 A), und diese Auffassungen könnten unterschiedlicher nicht sein. Dass moralische Verbesserung mit Leid einhergeht, ist für gewöhnlich wahr; aber das Leid ist ein Nebenprodukt einer neuen Orientierung und in keiner Weise ein Selbstzweck.

Ich habe vom Realen gesprochen, das der angemessene Gegenstand der Liebe ist, und vom Erkennen, das Freiheit ist. Das Wort »gut«, das in der Diskussion immer wieder auftaucht, soll nun eingehender untersucht werden. Kann das Gute selbst in irgendeiner Weise ein »Gegenstand der Aufmerksamkeit« sein? Und wie hängt dieses Problem zusammen mit der »Liebe des Realen«? Gibt es so etwas wie einen Ersatz für das Gebet, diese tiefgründigste und effektivste religiöse Praxis? Wenn die Energie und die Gewalt des

Willens, wie sie in Entscheidungsmomenten zum Tragen kommen, weniger wichtig scheinen als die Beschaffenheit *(quality)* der Aufmerksamkeit, die unsere wirklichen Bindungen bestimmt, wie können wir dann diese Aufmerksamkeit verändern und reinigen und realistischer machen? Ist die *via negativa* des Willens, seine gelegentliche Fähigkeit, einen schlechten nächsten Schritt zu verhindern, die einzige oder bedeutendste bewusste Kraft, die wir haben? Ich glaube, es gibt etwas Analoges zum Gebet, auch wenn es schwer zu beschreiben ist und die höheren Nuancen des Selbst es oft verfälschen können. Ich denke hier nicht an eine quasireligiöse meditative Technik, sondern an etwas, das in den moralischen Alltag eines ganz gewöhnlichen Menschen gehört. Die Idee der Kontemplation, des Nachsinnens, ist schwer verständlich und schwer aufrechtzuerhalten in einer Welt, die zunehmend ohne Sakramente und Rituale auskommt und in der die Philosophie (in vielerlei Hinsicht zu Recht) den alten substantiellen Begriff des Selbst zerstört hat. Ein Sakrament bietet uns einen externen, sichtbaren Ort für einen internen, unsichtbaren Geistesakt. Vielleicht brauchen wir zusätzlich ein Analogon zum Sakrament, obwohl wir hier sehr vorsichtig sein müssen. Die behavioristische Ethik leugnet die Wichtigkeit von allem, was vor oder außer einer Handlung maßgeblich »im Geist« vor sich geht, weil sie dessen Identität infrage stellt. Das Gewahrwerden von Schönheit, in Kunst oder Natur, erscheint uns oft tatsächlich wie eine zeitlich verortete spirituelle Erfahrung, aus der wir gute Energie schöpfen. Doch es ist nicht leicht, die Idee einer so wirkmächtigen Erfahrung auch in Momenten des Nachdenkens über Menschen oder Handlungen zu finden, da die Klarheit des Nachdenkens und die Reinheit der Aufmerksamkeit schwieriger und zweideutiger werden, wenn der Gegenstand der Aufmerksamkeit etwas Moralisches ist.

Genau hier scheint es mir nun wichtig zu sein, dass wir die Idee des Guten als einen zentralen Fixpunkt der Reflexion beibehalten; und genau hier wird auch die Bedeutung ihres undefinierbaren und nichtabbildbaren Charakters deutlich. *Das Gute, nicht der Wille, ist transzendent.* Der Wille ist die natürliche Energie der Psyche, die manchmal durchaus für würdige Zwecke verwendet werden kann. Das Gute ist der Fokus der Aufmerksamkeit, wenn ein Vorsatz, tugendhaft zu sein, einhergeht mit einer gewissen Trübung der Sicht (was vielleicht fast immer der Fall ist). Hier erscheint, wie ich bereits erwähnt habe, das Schöne als sichtbarer und zugänglicher Aspekt des Guten. Das Gute selbst ist nicht sichtbar. Platon stellte sich den guten Menschen als jemanden vor, der irgendwann die Sonne anschauen kann. Ich war mir noch nie sicher, was ich von diesem Teil des Mythos halten soll. Es scheint zwar richtig, das Gute als einen Fokus oder ein Zentrum der Aufmerksamkeit auszumachen, und doch kann man es nicht wirklich als etwas »Sichtbares« denken, da es ja nicht erfahren oder dargestellt oder definiert werden kann. Wir können natürlich ungefähr wissen, wo die Sonne ist; es ist aber nicht so leicht vorstellbar, wie es wäre, sie anzuschauen. Vielleicht weiß tatsächlich nur der gute Mensch, wie es ist; oder vielleicht kommt das Anschauen der Sonne einem brillanten Geblendetwerden gleich und man sieht gar nichts mehr. Was im platonischen Mythos dagegen absolut Sinn zu ergeben scheint, ist die Idee des Guten als Quelle des Lichts, das uns alle Dinge so zu erkennen gibt, wie sie wirklich sind. Alles gerechte Sehen, selbst bei den schwierigsten Problemen des Intellekts und erst recht, wenn Leid und Boshaftigkeit wahrgenommen werden müssen, ist eine moralische Angelegenheit. Wir brauchen in allen Fällen dieselben Tugenden, letztlich dieselbe Tugend (Liebe), und Einbildung (Selbst) kann uns genauso davon abhalten, einen Grashalm zu sehen, wie sie uns davon abhalten kann, eine andere Person zu sehen. Ein wachsendes Bewusstsein von »guten Dingen« und der (meist nur teilweise erfolgreiche) Versuch, ihnen reine Aufmerksamkeit zu schenken, ohne das Selbst, geht einher mit einem wachsenden Bewusstsein von der Einheit und Verflochtenheit der moralischen Welt. Intelligenz, die nach Einheit sucht, ist das Ebenbild von »Glaube«. Man denke nur daran, wie es ist, wenn man sein Verständnis von einem großen Kunstwerk vertieft.

Es ist meines Erachtens mehr als ein bloß verbaler Punkt zu sagen, dass dasjenige, was angestrebt werden sollte, Güte ist – und nicht Freiheit oder richtiges Handeln, obwohl richtiges Handeln und Freiheit, im Sinne der Demut, natürliche Folgen einer auf das Gute gerichteten Aufmerksamkeit sind. Selbstverständlich ist richtiges Handeln an sich wichtig und seine Wichtigkeit ist nicht schwer zu verstehen. Aber es sollte den Anfangspunkt des Nachdenkens bilden, nicht den Endpunkt. Richtiges Handeln, zusammen mit dem ständigen Ausbau des Bereichs strenger Verbindlichkeiten, ist ein echtes Kriterium für Tugendhaftigkeit. Handlungen tendieren dazu, den Hintergrund an Bindungen und Interessen, aus dem heraus sie entstehen, zu bestätigen – im Guten wie im Schlechten. Handeln ist ein Anlass für Gnade, oder für ihr Gegenteil. Nichtsdestoweniger kann das Ziel der Moral nicht allein in der Handlung bestehen. Ohne eine positivere Auffassung der Seele als eines substantiellen und sich ständig entwickelnden Bindungsmechanismus, dessen Reinigung und Neuausrichtung die Aufgabe von Moral ist, haben verderbende Tendenzen leichtes Spiel: Sie machen aus »Freiheit« bloße Selbstbehauptung und aus »richtigem Handeln« eine Art *Ad-hoc*-Utilitarismus. Wenn sich ein naturwissenschaftlich ausgerichteter Empirismus das Studium der Ethik nicht komplett einverleiben soll, dann müssen Philosoph:innen versuchen, eine neue Terminologie zu entwickeln, die aufzeigen kann, wie unsere natürliche Psychologie von Gedanken und Ideen verändert werden kann, die jenseits ihrer Reichweite liegen. Mir scheint die platonische Metapher der Idee des Guten hierfür ein passendes Bild zu sein. Dieses Bild muss selbstverständlich mit einer realistischen Auffassung von natürlicher Psychologie (bezüglich derer fast alle Philosoph:innen meiner Ansicht nach bisher zu optimistisch waren) kombiniert werden, und ebenso mit der Akzeptanz des völligen Fehlens jedweder Finalität im menschlichen Leben. Das Gute hat mit Ziel- und Zweckhaftigkeit nichts am Hut, ja, es schließt solche Ideen geradezu aus. »Alles ist eitel«[6] ist Anfang und Ende der Ethik. Der einzig wahre Weg, gut zu sein, besteht darin, gut »für nichts« zu sein – und das inmitten einer Landschaft, in der jedes »natürliche« Ding, unser eigener Geist eingeschlossen, dem Zufall, d. h. der Notwendigkeit, unterliegt. Dieses »für nichts« ist wahrhaftig das erfahrbare Korrelat der Unsichtbarkeit oder nichtabbildbaren blanken Gestalt der Idee des Guten selbst.

Ich habe dafür geworben, dass die Moralphilosophie eine neue und meiner Ansicht nach realistischere, weniger romantische Terminologie braucht. Nur so kann sie das Studium des menschlichen Schicksals aus den Fängen eines naturwissenschaftlich orientierten Empirismus retten, der nicht in der Lage ist, mit echten Problemen umzugehen. Die sprachanalytische Philosophie hat bereits begonnen, sich mit einem solchen Empirismus zu verbünden, und der größte Teil des existentialistischen Denkens scheint mir entweder optimistische Fantasterei oder etwas geradezu Luziferisches. (Vielleicht ist Heidegger Luzifer in Person.) Nun ja, könnte jemand an

6 Prediger 1,2. A. d. Ü.

dieser Stelle anmerken, das ist ja alles schön und gut, das Problem ist nur, dass nichts von all dem wahr ist. Vielleicht ist wirklich alles eitel – *alles* –, und es gibt keinen seriösen intellektuellen Weg, die Menschen vor Verzweiflung zu bewahren. Die Welt ist einfach hoffnungslos böse, und sollten Sie, die Sie von Realismus sprechen, nicht als Erste versuchen, wirklich konsequent realistisch zu sein? Hier auf diese pompöse Weise vom Guten zu sprechen, ist schlicht nichts anderes, als auf kaum verschleierte Weise den alten Gottesbegriff zu bemühen. »Gott« konnte wenigstens eine wirklich tröstende und mutmachende Rolle spielen. Es macht Sinn, vom liebenden Gott zu sprechen, einer Person, aber es macht wenig Sinn, vom liebenden Guten, einem Begriff, zu sprechen. Selbst als Fiktion wird »das Gute« kaum mehr als einer kleinen Gruppe mystisch gesinnter Leute – die, weil sie »Gott« nicht aufgeben wollen, »das Gute« nach seinem Ebenbild erfinden, um irgendeine Hoffnung wahren zu können – eine Inspiration oder überhaupt verständlich sein. Das Bild ist nicht nur reine Einbildung, es ist noch nicht mal effektiv. Um die menschliche Spezies am Laufen zu halten, ist es doch sehr viel besser, wir setzen auf simple, populäre utilitaristische und existentialistische Ansichten, zusammen mit etwas empirischer Psychologie und vielleicht ein wenig manipuliertem Marxismus. Der alltägliche empirische Common Sense muss das letzte Wort haben. Alle ethische Fachsprache ist falsch. Von der alten, ernsten metaphysischen Suche lassen wir besser ab, genauso wie vom überholten Begriff Gottes als des Vaters.

Ich bin oft nah dran, selbst so zu denken. Es ist in der Philosophie häufig schwer zu wissen, ob man gerade etwas einigermaßen Allgemeines und Objektives sagt oder ob man bloß eine dem eigenen Temperament entsprechende Barriere errichtet, in der Hoffnung, sich die eigenen Ängste vom Leibe zu halten. (Es ist bei allen Philosoph:innen wichtig zu fragen, wovor sie sich fürchten.) Natürlich fürchtet man sich immer davor, dass der Versuch, ein guter Mensch zu sein, sich als sinnlos erweisen könnte, oder bestenfalls als etwas Vages und nicht sehr Wichtiges, oder dass er letztlich tatsächlich der Beschreibung Nietzsches entspricht, oder dass die Größe großer Kunst eine kurzlebige Illusion sein könnte. Über den »Status« meiner Argumente werde ich weiter unten kurz etwas sagen. Dass ein Blick auf die Landschaft genügt, um einen zur Verzweiflung zu bringen, ist sicherlich der Fall. Die Schwierigkeit besteht in der Tat darin, überhaupt hinzusehen. Wenn man nicht an einen persönlichen Gott glaubt, dann gibt es zwar kein »Problem« des Bösen, doch es gibt die nahezu unüberwindbare Schwierigkeit, richtig und angemessen auf das Böse und auf menschliches Leid zu schauen. Es fällt uns wahnsinnig schwer, unsere Aufmerksamkeit konzentriert auf Leid und Sünde, bei anderen wie auch bei uns selbst, zu richten, ohne dabei das Bild beim Versuch, es uns erträglich zu machen, auf irgendeine Weise zu verfälschen. (Man denke beispielsweise an die bereits erwähnten sadomasochistischen Mechanismen.) Nur die allergrößte Kunst kann das schaffen, und sie ist auch der einzige öffentliche Beweis dafür, dass es überhaupt möglich ist. Kants Auffassung vom Erhabenen, obgleich äußerst interessant und möglicherweise noch interessanter, als Kant selbst dachte, ist eine Art Romantik. Am Spektakel gewaltiger und fürchterlicher Dinge kann man sich natürlich berauschen, aber meist auf eine wenig vortreffliche Weise. Viel existentialistisches Denken beruht auf einer solchen Reaktion des »denkenden Schilfrohrs«,[7] die nichts weiter ist als eine Form romantischer Selbstbehauptung. Sie ist nicht dasjenige, was einen Menschen im Konzentrationslager dazu bringt, selbstlos zu handeln. Im ernsthaften Bemühen um eine mitfühlende Sicht auf menschliche Dinge aber ist etwas, das automatisch nahelegt, dass »es noch mehr gibt als das«. Dieses »es gibt noch mehr als das«, wenn es denn nicht von einer quasitheologischen Finalität pervertiert werden soll, bleibt notgedrungen ein winzig kleiner Funke Einsicht, gewissermaßen etwas mit metaphysischer Position, wenn auch nicht mit metaphysischer Form. Aber mir scheint der Funke real und große Kunst der Beweis seiner Realität zu sein. Weit entfernt davon, ein spielerischer und unterhaltsamer Zeitvertreib für die Menschheit zu sein, ist die Kunst tatsächlich der Ort ihrer fundamentalsten Einsichten und das Zentrum, zu dem die unsichereren Schritte der Metaphysik immer wieder zurückfinden müssen.

Was die Elite der Mystiker:innen betrifft, so würde ich den Ausdruck »Elite« ablehnen. Natürlich hat die Philosophie ihre eigene Terminologie, doch was sie zu beschreiben sucht, ist nicht not-

7 Verweis auf Blaise Pascals Aussage: »Der Mensch ist nur ein Schilfrohr, das schwächste der Natur, aber er ist ein denkendes Schilfrohr.« Blaise Pascal, *Das Ich besteht in meinem Denken. Aus den »Gedanken«*, übersetzt von Ulrich Kunzmann, Stuttgart 2019, S. 21. A. d. Ü.

wendigerweise, und definitiv nicht im vorliegenden Fall, etwas dem gewöhnlichen Leben Entrücktes. Moral ist immer schon eng mit Religion und Religion mit Mystik verbunden gewesen. Das Verschwinden des Zwischenglieds macht es nun zwar schwieriger für die Moral, doch die Situation bleibt im Wesentlichen die gleiche. Der Hintergrund, vor dem sich Moral abspielt, ist korrekterweise eine Art Mystizismus, wenn wir damit einen undogmatischen, grundsätzlich unformulierten Glauben an die Realität des Guten meinen, der gelegentlich mit der Erfahrung verbunden ist. Der gutherzige Landarbeiter weiß etwas, und er wird meiner Ansicht nach auch weiterhin, trotz der Beseitigung oder Modifikation des theologischen Apparats, etwas wissen – auch wenn er vielleicht nicht in Worte fassen kann, was er weiß. Diese Sicht der Dinge kann natürlich niemals das Resultat eines philosophischen Beweises sein, auch wenn er noch so überzeugend daherkommt, und sie ist leicht aus allen möglichen empirischen Gründen anzweifelbar. Doch ich glaube nicht, dass der gutherzige Landarbeiter deshalb moralisch mittellos sein wird. Traditioneller christlicher Aberglaube ist seit jeher mit einer großen Bandbreite an Verhaltensweisen vereinbar, von gut bis schlecht. Es wird zweifellos neue Aberglauben geben, und es wird weiterhin so sein, dass manche Menschen es schaffen, tatsächlich ihre Nächsten zu lieben. Ich glaube, die »Maschinerie der Erlösung« (wenn es sie gibt) ist grundsätzlich ein und dieselbe für uns alle. Es gibt keine komplizierte geheime Doktrin. Wir sind alle in der Lage, den Bereich strenger moralischer Verbindlichkeiten, den wir geerbt haben, zu kritisieren, zu modifizieren und auszubauen. Gut ist nicht abbildbar und nicht definierbar. Wir sind alle sterblich und gleichermaßen Notwendigkeiten wie Zufälligkeiten ausgeliefert. Das sind die wahren Hinsichten, in denen alle Menschen Brüder sind.

Über den Status des Arguments gibt es vielleicht wenig, oder aber zu viel zu sagen. Sofern es ein Argument gibt, ist es bereits in komprimierter Weise erfolgt. Philosophische Argumente sind fast immer uneindeutig und dies hier ist keins der präzisen Art. Es ist kein Pragmatismus oder eine Philosophie des »Als-ob«. Wenn mich jemand fragt: »Glauben Sie also, dass die Idee des Guten existiert?«, dann antworte ich: »Nein, nicht so, wie die Menschen dachten, dass Gott existiert.« Alles, was wir tun können, ist uns auf bestimmte Erfahrungsbereiche zu berufen und bestimmte Merkmale hervorzuheben, die wir sichtbar machen, indem wir dort, wo es nötig ist, passende Metaphern verwenden und geeignete Begriffe finden. Nicht mehr und nicht weniger machen auch die noch so empirisch Gesinnten unter den sprachanalytischen Philosoph:innen. Da es keinen philosophischen oder naturwissenschaftlichen Beweis für einen totalen Determinismus gibt, muss der Gedanke zumindest gestattet sein, dass es einen Teil der Seele gibt, der nicht dem Mechanismus der empirischen Psychologie untersteht. Ich würde die Behauptung einer solchen Freiheit gern mit einer genauen und größtenteils empirischen Sicht auf den Mechanismus selbst kombinieren. Von dem sehr kleinen Bereich der »Freiheit«, also dem Teil in uns, der sich aufmerksam der Realität zuwendet und sich zum Guten hingezogen fühlt, würde ich gern eine gleichermaßen gründliche und vielleicht pessimistische Beschreibung geben wollen.

Ich habe nicht über die Rolle der Liebe in ihren alltäglichen Erscheinungsformen gesprochen. Wenn man von großer Kunst als »Beweis« sprechen will, ist dann nicht die gewöhnliche menschliche Liebe ein noch augenfälligerer Beweis für ein transzendentes Prinzip des Guten? Platon war bereit, sie als Ausgangspunkt zu nehmen. (Es gibt verschiedene Ausgangspunkte.) Man muss zugeben, dass sie in einem gewissen Sinn das Wichtigste überhaupt ist; und doch ist menschliche Liebe normalerweise zu sehr besitzergreifend und zu »mechanisch«, um eine Stätte des Sehens zu sein. Die Natur der Liebe selbst ist hier paradox. Dass die höchste Liebe gewissermaßen unpersönlich ist, ist etwas, das wir in der Kunst tatsächlich sehen können – in zwischenmenschlichen Beziehungen jedoch können wir das, außer auf sehr bruchstückhafte Weise, nicht klar erkennen. Wieder einmal ist die Stellung der Kunst einzigartig. Die Vorstellung des Guten als eines transzendenten magnetischen Zentrums scheint mir das am wenigsten verderbbare und realistischste Bild zu sein, das wir in unserem Nachdenken über das moralische Leben nutzen können. Der philosophische »Beweis«, wenn es denn einen gibt, ist hier derselbe wie der moralische »Beweis«. Ich würde mich vor allem auf Argumente stützen, die sich auf Erfahrungen des Realismus, den wir als verbunden mit Güte wahrnehmen, und Erfahrungen der Liebe und der Ungebundenheit, die sich in großer Kunst zeigen, beziehen.

Ich bin in diesem Aufsatz durchgehend davon ausgegangen, dass »es keinen Gott gibt« und dass der Einfluss der Religion rapide abnimmt. Beides kann natürlich infrage gestellt werden. Zweifellos scheint jedoch, dass die Moralphilosophie eingeschüchtert und verwirrt ist und in vielen Kreisen diskreditiert und für unnötig gehalten wird. Das Verschwinden des philosophischen Selbst, zusammen mit der arroganten Sich-breit-Machung des naturwissenschaftlichen Selbst, hat die Ethik zu einer aufgeblasenen und doch leeren Auffassung des Willens geführt – dies war mein Hauptangriffspunkt. Ich bin mir nicht sicher, inwieweit meine positiven Vorschläge Sinn machen. Die Suche nach Einheit ist zutiefst natürlich, doch wie so viele andere Dinge, die zutiefst natürlich sind, produziert auch sie vielleicht nichts weiter als eine Reihe bunter Illusionen. Wessen ich mir aber sicher bin, ist die Unzulänglichkeit, ja die Falschheit von Utilitarismus, sprachanalytischem Behaviorismus und allen mir bekannten Formen des gegenwärtigen Existentialismus. Ich bin mir auch sicher, dass die Moralphilosophie als reine Tätigkeit oder als fruchtbares Feld verteidigt und erhalten werden sollte, dass sie ähnlich wichtig ist wie nicht angewandte Mathematik oder die reine »nutzlose« historische Forschung. Ethische Theorie hatte immer schon Einfluss auf die Gesellschaft, erreichte immer schon gewöhnliche Leute, und es gibt keinen guten Grund zu glauben, dass sie das in Zukunft nicht tun könnte. Für das kollektive und individuelle Seelenheil ist Kunst zweifellos wichtiger als Philosophie – und Literatur am wichtigsten. Aber es kann keinen Ersatz geben für reine, disziplinierte, professionelle Spekulation: Und es sind diese zwei Gebiete, Kunst und Ethik, auf denen wir hoffen müssen, Begriffe zu entwickeln, die würdig und fähig sind, die wachsende Macht der Naturwissenschaft zu lenken und in Schach zu halten.

3. Die Souveränität des Guten über andere Begriffe

Die Entwicklung des menschlichen Bewusstseins hängt untrennbar mit dem Gebrauch von Metaphern zusammen. Metaphern sind weder belanglose Verzierungen noch nützliche Modelle, sie sind fundamentale Formen des Gewahrseins unserer Lebensumstände: Metaphern des Raumes, Metaphern der Bewegung, Metaphern des Sehens. In der Vergangenheit hat sich die Philosophie im Allgemeinen und die Moralphilosophie im Besonderen oft damit befasst, welche Bilder nach ihrem Dafürhalten unsere wichtigsten sind, wie man bereits existierende verständlicher machen und neue entwickeln kann. Philosophische Ausführungen, die aus solchem Bilderspiel bestehen – ich denke hier an die großen metaphysischen Systeme –, sind meist uneindeutig und werden von vielen zeitgenössischen Denker:innen als wertlos erachtet. Der Stellenwert und der Erfolg solcherlei Ausführungen werfen natürlich viele Fragen auf. Und dennoch scheint es mir unmöglich, bestimmte Arten von Begriffen ohne Rückgriff auf Metaphern zu diskutieren, da die Begriffe selbst zutiefst metaphorisch sind und nicht ohne Substanzverlust in nichtmetaphorische Einzelteile zerlegt werden können. Die moderne behavioristische Philosophie versucht sich bei einigen moralischen Begriffen an einer solchen Analyse, wie mir scheint, erfolglos. Einer der Beweggründe, weshalb man überhaupt einen derartigen Versuch unternimmt, ist der Wunsch nach einer »Neutralisierung« der Moralphilosophie, nach einer philosophischen Diskussion von Moral, die nicht Partei ergreift. Metaphern tragen oft moralische Fracht, und es ist die Aufgabe der Analyse mittels Zerlegung in simplere und schlichtere Ausdrücke, diese Fracht zu entfernen. Auch das scheint mir fehlgeleitet. Moralphilosophie kann es nicht vermeiden, Partei zu ergreifen und vermeintlich neutrale Philosoph:innen ergreifen lediglich heimlich Partei. Moralphilosophie ist die Untersuchung der wichtigsten aller menschlichen Aktivitäten; und meines Erachtens muss man zwei Grundansprüche an sie stellen. Die Untersuchung sollte realistisch sein. Im Gegensatz zu den Naturen anderer, hypothetischer geistiger Wesen hat die menschliche Natur bestimmte feststellbare Eigenschaften und diese sollten in jeder Diskussion über Moral angemessen berücksichtigt werden. Zweitens, da ein ethisches System gar nicht umhinkann, ein Ideal zu empfehlen, sollte es ein würdiges Ideal empfehlen. Ethik sollte keine bloße Analyse von gewöhnlichem, mittelmäßigem Verhalten sein, sondern eine Hypothese über gutes Verhalten und darüber, wie man es einüben kann. »Wie können wir uns besser machen?« ist eine Frage, derer Moralphilosoph:innen sich annehmen sollten. Und wenn meine Vermutung stimmt, so wird die Antwort zumindest teilweise in erklärenden und überzeugenden Metaphern bestehen. Meine bevorzugten Metaphern und der Philosoph, unter dessen Banner ich kämpfe, werden in Kürze ersichtlich.

Doch zunächst möchte ich ganz kurz zwei fundamentale Vorannahmen meines Arguments erwähnen. Wenn eine von ihnen abgelehnt werden sollte, dann verliert das Folgende an Überzeugungskraft. Ich gehe davon aus, dass Menschen von Natur aus selbstsüchtig sind und dass menschliches Leben keine darüberhinausgehende Pointe oder ein *telos* hat. Dass Menschen von Natur aus selbstsüchtig sind, scheint wahr angesichts der Beweislage, die sich uns bietet, wann immer und wo immer wir sie uns anschauen, trotz einer sehr kleinen Anzahl scheinbarer Ausnahmen. Über die Beschaffenheit dieser Selbstsucht hat die moderne Psychologie einiges zu sagen. Die Psyche ist ein geschichtlich bestimmtes Individuum, das unablässig nach sich selbst sieht. In gewisser Hinsicht gleicht sie einer Maschine; um laufen zu können, braucht sie Energiequellen, und sie ist auf bestimmte Aktivitätsmuster eingestellt. Der Bereich ihrer hochgepriesenen Freiheit ist normalerweise nicht sehr groß. Eine ihrer Hauptbeschäftigungen ist die Tagträumerei. Unangenehmen Realitäten stellt sie sich nur ungern. Ihr Bewusstsein ist normalerweise kein transparentes Glas, durch das sie die Welt betrachtet, sondern eine Wolke von mehr oder weniger fantastischem Wunschdenken, dessen Aufgabe es ist, die Psyche vor Schmerz zu bewahren. Sie ist ständig auf der Suche nach Trost, ob durch imaginierte Selbstaufblähung oder durch Fiktionen theologischer Natur. Selbst ihr Lieben ist in den meisten Fällen ein Akt der Selbstbehauptung. Wir erkennen uns vermutlich alle in dieser eher deprimierenden Beschreibung wieder.

Da es gleichermaßen schwer ist, für oder gegen die Auffassung zu argumentieren, dass das menschliche Leben keine darüberhinausgehende Pointe oder ein *telos* hat, werde ich es einfach voraussetzen. Ich sehe keine Anzeichen, die darauf hindeuten, dass das menschliche Leben nicht etwas In-sich-Geschlossenes ist. Es gibt viele Muster, Zwecke und Ziele innerhalb eines Lebens, aber es gibt keine allgemeinen und gewissermaßen von außen garantierten Muster, Ziele und Zwecke der Art, wie sie Philosoph:innen und Theolog:innen für gewöhnlich suchten. Wir sind, was wir zu sein scheinen, vergängliche, sterbliche Wesen, die Notwendigkeit und Zufall ausgesetzt sind. Damit will ich sagen, dass es meiner Ansicht nach keinen Gott im traditionellen Sinn dieses Ausdrucks gibt, und der traditionelle Sinn ist möglicherweise der einzige Sinn. Wenn Bonhoeffer sagt, dass Gott wolle, dass wir leben, als gäbe es keinen Gott, befürchte ich, dass er Worte falsch gebraucht. Auch die verschiedenen metaphysischen Ersatzkandidaten für Gott – Vernunft, Naturwissenschaft, Geschichte – sind falsche Gottheiten. Unser Schicksal kann untersucht, nicht aber gerechtfertigt oder vollständig erklärt werden. Wir sind einfach hier. Und wenn es eine Art Sinn oder Einheit im menschlichen Leben gibt, und dieser Traum verfolgt uns noch immer, so sind sie von irgendeiner anderen Art und müssen innerhalb einer menschlichen Erfahrung gesucht werden, die nichts außerhalb ihrer selbst hat.

Der Gedanke vom Leben als in sich abgeschlossen und zwecklos ist natürlich nicht einfach ein Produkt der Verzweiflung unserer Zeit. Er ist das natürliche Produkt des Fortschritts der Naturwissenschaft und gedeiht schon seit geraumer Zeit. Tatsächlich hat er bereits eine ganze Ära in der Geschichte der Philosophie begründet, die mit Kant beginnt und sich bis zum Existentialismus und zu der analytischen Philosophie der Gegenwart erstreckt. Das Hauptmerkmal dieser Phase der Philosophie kann knapp auf den Punkt gebracht werden: Kant hat Gott abgeschafft und an seiner statt den Menschen zu Gott gemacht. Wir leben noch immer im Zeitalter des kantischen Menschen oder des kantischen Menschengotts. Kants schlüssige Bloßstellung der sogenannten Beweise für die Existenz Gottes, seine Analyse der Grenzen der spekulativen Vernunft und dazu seine eloquente Darstellung der Würde des rationalen Menschen haben Früchte getragen, die ihn womöglich erschrecken würden. Wie wiedererkennbar, wie vertraut ist uns der in der *Grundlegung* so schön porträtierte Mensch, der sich sogar von Christus abwendet, um das Urteil seines eigenen Gewissens zu erwägen und der Stimme seiner eigenen Vernunft zu lauschen. Nunmehr ohne den ihm entrissenen dürftigen metaphysischen Hintergrund, den Kant ihm noch willens war zuzugestehen, weilt dieser Mensch noch immer unter uns, frei, unabhängig, einsam, mächtig, rational, verantwortungsvoll, mutig, der Held so vieler Romane und moralphilosophischer Bücher. Nach der Raison d'Être dieses attraktiven, aber trügerischen Menschentyps müssen wir nicht lang suchen. Er ist das Kind des Zeitalters der Naturwissenschaft, auf selbstbewusste Weise rational und sich doch gleichzeitig seiner Entfremdung von dem materiellen Universum, das seine Entdeckungen ihm offenlegen, bewusst; und da er kein Hegelianer ist (Kant und nicht Hegel hat der westlichen Ethik dieses dominierende Bild verpasst), ist seine Entfremdung unheilbar. Er ist der ideale Bürger des liberalen Staats, eine Warnung an Tyrannen. Er hat die Tugend, die das Zeitalter braucht und bewundert, Mut. Von Kant ist es kein großer Schritt zu Nietzsche, und von Nietzsche zum Existentialismus und den angelsächsischen ethischen Lehren, die dem Existentialismus in mancher Hinsicht durchaus ähneln. Eigentlich finden wir bereits ein knappes Jahrhundert zuvor eine glorreiche Verkörperung von Kants Menschen im Werk Miltons: Sein wahrer Name ist Luzifer.

Der Kern dieses Typus postkantischer Moralphilosophie ist der Gedanke vom Willen als Schöpfer des Werts. Werte, die einstmals gewissermaßen in den Himmel graviert und von Gott garantiert waren, schrumpfen zu Produkten des menschlichen Willens zusammen. Es gibt keine transzendente Wirklichkeit. Die Idee des Guten bleibt undefinierbar und leer, sodass menschliche Entscheidungen sie füllen können. Der souveräne Moralbegriff ist Freiheit, oder möglicherweise Mut, wenn man Letzteren als mit Freiheit, Wille und Macht gleichgesetzt versteht. Dieser Begriff nimmt eine völlig abgetrennte höchste Ebene menschlicher Aktivität ein, da er der Garant der sekundären, von Entscheidungen geschaffenen Werte ist. Auf Handlung, Wahl, Entscheidung, Verantwortung, Unabhängigkeit liegt die Betonung in dieser Philosophie puritanischen Ursprungs und vermeintlicher Nüchternheit. Es sei diesem Bild der menschlichen Natur zugestanden, dass es als Inspiration für den politischen Liberalismus diente. Doch wie Hume einst weise feststellte, gute politische Philosophie ist nicht unbedingt gute Moralphilosophie.

Dieses Bild ist in der Tat ein nüchternes, doch etwas gibt es noch, das ihm hinzugefügt werden muss. Welcher Platz, so mag man sich fragen, bleibt in diesem ernsten Bild des einsamen, allverantwortlichen Menschen für das Gefühlsleben übrig? Tatsächlich kommt den Gefühlen ein recht bedeutungsvoller Platz zu. Sie treten durch eine Hintertür ein, die von Kant offengelassen wurde und durch die die gesamte romantische Bewegung ihnen nachgefolgt ist. Puritanismus und Romantik sind natürliche Partner und wir leben noch immer mit ihrer Partnerschaft. Kant hatte eine sehr interessante Theorie über die Beziehung zwischen den Gefühlen und der Vernunft. Offiziell erkannte er Gefühle nicht als Teil der Moralstruktur an. Wenn er von Liebe redet, fordert er uns auf, zwischen praktischer Liebe, einer Sache von rationalen Handlungen, und pathologischer Liebe, einer Sache von bloßem Fühlen, zu unterscheiden. Er möchte die chaotische, warme, empirische Psyche von den sauberen Arbeitsweisen der Vernunft absondern. Doch in einer Fußnote in der *Grundlegung* gesteht er einem bestimmten Gefühl einen untergeordneten Platz zu, dem Gefühl der *Achtung* für das moralische Gesetz. Dieses Gefühl ist eine Art leidender Stolz, der das Erkennen der Pflicht begleitet, nicht aber motiviert. Es ist ein tatsächliches Erleben von Freiheit (ähnlich der existentialistischen *Angst*), die Einsicht, dass wir, wenngleich von Leidenschaften getrieben, dennoch auch rationalen Verhaltens fähig sind. Ein naher Verwandter dieses Begriffs ist Kants schöne Auffassung des Erhabenen. Wir erleben das Erhabene, wenn wir uns der fürchterlichen Zufälligkeit der Natur oder des menschlichen Schicksals stellen und dann mit einem stolzen Schauder rationaler Kraft in uns selbst zurückkehren. Wie erbärmlich wir sind – und doch ist unser Bewusstsein von unendlichem Wert. Hier ist es Belial, nicht Satan, der spricht:

Wer würde wohl, wenn er auch voller Qual,
Dies geist'ge Sein verlieren, die Gedanken,
Die durch die Ewigkeiten wandern[1]

Den Gefühlen wird erlaubt, in Form einer geduldeten, durchaus schmerzhaften Erregung – einem Nebenprodukt unserer Stellung als würdevolle, rationale Wesen – auf den Schauplatz zurückzukehren.

1 John Milton, *Das verlorene Paradies*, Übersetzung von Adolf Böttger, Leipzig 1921, S. 29. A. d. Ü.

Was bei Kant als Fußnote und Nebensächlichkeit daherkommt, nimmt dagegen in der Weiterentwicklung seiner Philosophie während der romantischen Bewegung einen zentralen Platz ein. Zusammenfassend würde ich hierüber sagen, dass die Romantik dazu tendierte, die Idee des Todes in die Idee des Leidens zu transformieren. Das zu tun ist natürlich eine uralte menschliche Versuchung. Wenige von der Menschheit erdachte Ideen sind tröstlicher als die Idee des Fegefeuers. Das Böse abbezahlen, indem man in der Hingabe zum und Festhalten am Guten leidet: Was könnte befriedigender oder, wie Romantiker:innen vermutlich sagen würden, was könnte erregender sein? Sogar das zentrale Bild des Christentums bietet sich für diese illegitime Transformation an. Die *Imitatio Christi* im Spätwerk Kierkegaards ist ein herausragendes Beispiel für romantische Selbstgefälligkeit nach diesem Motiv, auch wenn es etwas harsch klingen mag, so über diesen so großartigen und überaus liebenswerten Schriftsteller zu reden, der ja wirklich dafür litt, dass er seiner Gesellschaft ein paar Wahrheiten sagte. Der Gedanke einer ziemlich aufregenden, leidvollen Freiheit belebte schon bald die Nüchternheit der puritanischen Hälfte des kantischen Bilds, und hiermit einher ging eine Zähmung und Verklärung der Idee des Todes, ein Kult um Pseudotod und Pseudovergänglichkeit. Aus dem Tod wurde der *Liebestod*,[2] schmerzhaft und berauschend oder schlimmstenfalls anmutig und voller süßer Tränen. Ich rede hier natürlich nicht von den großen romantischen Künstler:innen und Denker:innen auf der Höhe ihrer Schaffenskraft, sondern von dem breiten, ausgetretenen Pfad von Kant hin zu den populären Philosophien der Gegenwart. Wenn der neokantische Luzifer einen flüchtigen Blick von wirklichem Tod und wirklicher Zufälligkeit erhascht, so wird er sich in erhabene Gefühle flüchten und mit einem Bild malträtierter Freiheit dasjenige verschleiern, von dem richtigerweise gesagt wurde, es sei das eigentliche Studienobjekt von Philosoph:innen.

Als Kant etwas Klares und Reines außerhalb des Chaos der selbstsüchtigen empirischen Psyche finden wollte, folgte er einem gesunden Instinkt, schaute aber meiner Ansicht nach am falschen Ort. Seine Untersuchung führte ihn zurück ins Selbst, das er sich

2 Murdoch verwendet im Original das deutsche Wort »Liebestod«. Die Kursivsetzung ist vermutlich der Fremdsprachlichkeit und keiner besonderen Betonungsabsicht geschuldet. A. d. Ü.

nun als engelsgleich vorstellte, und in diesem Engel-Selbst verharren die meisten seiner Anhänger:innen bis heute. Ich möchte nun zum Anfang zurückkehren und noch einmal im Licht der Frage »Wie können wir uns besser machen?« auf das mächtige Energiesystem der sich selbst schützenden Psyche schauen. Wenn man es mit einem solchen Gegner zu tun hat, darf man daran zweifeln, dass die Idee eines stolzen, nackten, auf richtige Handlungen ausgerichteten Willens ein realistischer und hinreichender Ansatz ist. Ich denke, dass der gewöhnliche Mensch mit den einfachen religiösen Ansichten, die für ihn Sinn ergeben, normalerweise eine gerechtere Sicht auf die Dinge hat als die voluntaristischen Philosoph:innen – eine Sicht, die übrigens auch in besserem Einklang mit den Erkenntnissen der modernen Psychologie steht. Die Religion betont normalerweise neben Handlungen auch Geisteszustände, die sie als genetischen Hintergrund der Handlung betrachtet: Reinheit des Herzens, Demut des Geistes. Die Religion gibt auch die Werkezeuge für die Reinigung von Geisteszuständen an die Hand. Gläubige fühlen, dass sie eine besondere Hilfe benötigen und sie auch erhalten. »Nicht ich, sondern Christus.«[3] Die wirkliche Existenz solcher Hilfe wird oft als Argument für die Wahrheit religiöser Lehren vorgebracht. Gebete und Sakramente können natürlich von Gläubigen auch als bloße Trostwerkzeuge »missbraucht« werden. Doch was auch immer man vom theologischen Kontext des Gebets hält, es hat wirklich den Anschein, als könne es eine bessere Bewusstseinsqualität herbeiführen und eine Energie für gute Handlungen bereitstellen, die andernfalls nicht verfügbar gewesen wäre. Die moderne Psychologie stützt hier die instinktive Ahnung, die gewöhnliche Leute oder gewöhnliche Gläubige von der Wichtigkeit ihrer Geisteszustände und von der Verfügbarkeit zusätzlicher Energie haben. Die Psychologie könnte durchaus zeitgenössische behavioristische Philosoph:innen dazu auffordern, die von ihnen über Bord geworfenen Begriffe der »Erfahrung« und des »Bewusstseins« noch einmal neu zu untersuchen. Indem wir unsere Augen öffnen, sehen wir nicht zwingend, was vor uns steht. Wir sind von ständigen Sorgen geplagte Tiere. Unser Geist ist rund um die Uhr aktiv, webt kontinuierlich einen angstgetränkten, meist zwanghaft mit dem Selbst beschäftigten, oft verfälschenden *Schleier*, der die Welt zum

3 Vermutlich ein Verweis auf: »Ich lebe, doch nun nicht ich, sondern Christus lebt in mir« (Galater 2,19-21). A. d. Ü.

Teil verhüllt. Unsere Bewusstseinszustände unterscheiden sich hinsichtlich ihrer Qualität, unsere Einbildungen und Träumereien sind nicht trivial und unwichtig – sie sind zutiefst mit unseren Energien und unserer Fähigkeit zu entscheiden und zu handeln verbunden. Und wenn die Qualität des Bewusstseins wichtig ist, dann muss alles, was das Bewusstsein in Richtung Selbstlosigkeit, Objektivität und Realismus verändert, mit Tugendhaftigkeit verbunden werden.

Ich möchte einem Hinweis bei Platon (*Phaidros* 250) folgen und mit einer Untersuchung des womöglich Offensichtlichsten in unserer Umgebung beginnen, das uns einen Anlass zum »Entselbsten« *(unselfing)*[4] gibt: das, was gemeinhin als Schönheit bezeichnet wird. Philosoph:innen der jüngeren Zeit vermeiden diesen Ausdruck für gewöhnlich, weil sie lieber über Gründe als über Erfahrungen reden. Aber Begegnungen mit Schönheit können etwas bewirken, was mir von großer Wichtigkeit zu sein scheint und nicht zugunsten der Analyse zentraler Vokabulare übergangen werden sollte. Schönheit ist der geeignete und traditionelle Name von etwas, das Kunst und Natur teilen und das der Idee einer Erfahrungsqualität und einer Veränderung des Bewusstseins eine recht klare Bedeutung gibt. In einer aufgewühlten, verärgerten Stimmung sehe ich aus dem Fenster. Meiner Umgebung bin ich kaum gewahr, vielleicht grüble ich nach über einen Ansehensverlust, den ich erlitten habe. Dann sehe ich plötzlich einen schwebenden Falken. Mit einem Mal ist alles verändert. Das grübelnde Selbst mit seiner verletzten Eitelkeit ist verschwunden. Jetzt gibt es nichts außer dem Falken. Und wenn ich dann meine Gedanken über die andere Sache wieder aufnehme, scheint sie weniger wichtig. Natürlich ist das etwas, was wir auch vorsätzlich tun können: unsere Aufmerksamkeit auf die Natur richten, um unseren Geist von selbstsüchtigen Sorgen zu reinigen. Vielleicht mag es seltsam anmuten, dass ich das Argument gegen das, was ich grob als »Romantik« bezeichnet habe, mit einem Fall von auf die Natur gerichteter Aufmerksamkeit beginne. Tatsächlich denke ich, dass niemand der großen Romantiker:innen wirklich glaubte, »Nehmen gibts im Geben nur, Und nur durch unser Leben lebt Natur«,[5]

4 *Unselfing* ist Murdochs Ausdruck für das, was Simone Weil *décréation* nennt. A. d. Ü.

5 Zitat aus Samuel Taylor Coleridges »Schwermut: Eine Ode« (Dejection: An Ode), in: *In Xanadu: Gedichte*, herausgegeben und übersetzt von Florian Bissig, Zürich 2022, S. 197 A. d. Ü.

auch wenn die Unbedeutenderen zumeist Kants Beispiel folgten und die Natur als bloßen Anlass zu exaltierten Selbstgefühlen missbrauchten. Die großen Romantiker:innen, inklusive dem, den ich gerade zitierte, transzendierten die »Romantik«. Ein selbstgerichteter Genuss der Natur scheint mir etwas Gezwungenes zu haben. Natürlicher und auch richtiger ist es, wenn wir selbstvergessene Freude an der schieren, fremdartigen, zwecklosen, unabhängigen Existenz von Tieren, Vögeln, Steinen und Bäumen haben. »Nicht wie die Welt ist, ist das Mystische, sondern daß sie ist.«[6]

Ich habe diesen Ausgangspunkt nicht gewählt, weil ich denke, dass er der wichtigste Ort für moralischen Wandel ist, sondern weil ich denke, dass er der zugänglichste ist. Es ist so offensichtlich eine gute Sache, sich an Blumen und Tieren zu erfreuen, dass Menschen, die eine Topfpflanze mit nach Hause bringen und Falken beobachten, vermutlich überrascht sein werden, dass diese Aktivitäten etwas mit Tugendhaftigkeit zu tun haben sollen. Die Überraschung ist der Tatsache geschuldet, dass Schönheit, wie Platon betonte, der einzige spirituelle Gegenstand ist, den wir instinktiv lieben. Schon mit dem Übergang von der Schönheit in der Natur zur Schönheit in der Kunst betreten wir ein schwierigeres Terrain. Kunsterfahrung kann leichter entwertet werden als Naturerfahrung. Ein Großteil der Kunst, vielleicht die meiste Kunst, ist eigentlich selbsttröstende Einbildung, und nicht einmal die größte Kunst kann die Qualität des Bewusstseins derer, die sie erfahren, garantieren. Doch existiert große Kunst, wird gelegentlich richtig erfahren und selbst ein seichtes Erfahren von Großem kann seine Wirkung haben. Kunst – und hiermit meine ich ab sofort gute Kunst, keine bloß eingebildete Kunst – bereitet uns eine pure Freude an der unabhängigen Existenz alles Vortrefflichen. Sowohl in ihrer Entstehung als auch in der Freude, die sie bereitet, ist sie etwas, das selbstsüchtigen Obsessionen diametral entgegensteht. Sie belebt unsere besten Vermögen und, um es platonisch auszudrücken, entfacht Liebe im höchsten Seelenteil. Diese Fähigkeit erklärt sich teilweise aus dem, was sie mit der Natur teilt: einer Vollkommenheit der Form, die zu uneigennützigem Nachsinnen einlädt und sich einer Einverleibung in das selbstsüchtige Traumleben des Bewusstseins widersetzt.

Als Sakrament oder Quelle guter Energie betrachtet, besitzt die

6 Ludwig Wittgenstein, *Tractatus logico-philosophicus*, Frankfurt/M. 1969, 6.44, S. 114. A. d. Ü.

Kunst jedoch eine weitere Dimension. Verglichen mit der Natur ist sie zwar weniger zugänglich, doch dafür auch erbaulicher, da sie tatsächlich ein menschliches Erzeugnis ist und es bei bestimmten Künsten tatsächlich »um« menschliche Belange in einem direkten Sinn geht. Kunst ist ein menschliches Erzeugnis und Kunstschaffenden werden nicht nur Talente, sondern auch Tugenden abverlangt. Gute Künstler:innen sind, in Bezug auf ihre Kunst, mutig, wahrhaftig, geduldig, demütig; und selbst in der gegenstandslosen Kunst können wir diese Eigenschaften intuitiv spüren. Etwas vorsichtiger könnte man zudem darauf hinweisen, dass gegenstandslose Kunst tatsächlich auf positivere Weise etwas auszudrücken scheint, das mit Tugendhaftigkeit zu tun hat. Die spirituelle Rolle der Musik ist oftmals anerkannt worden, auch wenn Theoretiker:innen sich davor hüten, sie zu analysieren. Wie dem auch sei, die gegenständlichen Künste, die offensichtlicher der Natur den Spiegel vorhalten, befassen sich auf eine Weise mit Moral, die nicht einfach ein Effekt unseres Gespürs für die Diszipliniertheit des Künstlers oder der Künstlerin ist.

Diese Künste, Literatur und Malerei im Besonderen, zeigen uns die eigentümliche Weise, auf die der Begriff der Tugend mit der menschlichen Natur verknüpft ist. Sie zeigen uns die absolute Zwecklosigkeit der Tugend und gleichzeitig ihre alles überragende Wichtigkeit. Der Genuss der Kunst ist eine Übung in der Tugend der Liebe. Die Zwecklosigkeit der Kunst ist nicht die Zwecklosigkeit eines Spiels; sie ist die Zwecklosigkeit des menschlichen Lebens selbst, und Form in der Kunst ist richtigerweise eine Simulation der in sich geschlossenen Ziellosigkeit des Universums. Gute Kunst offenbart uns, was wir normalerweise vor Selbstsucht und Feigheit nicht erkennen können, winzige und komplett zufällige Details der Welt, und sie offenbart uns diese Details zusammen mit einem Gefühl von Einheit und Form. Diese Form erscheint uns oft mysteriös, weil sie sich den einfachen Mustern der Einbildung widersetzt – wohingegen an den Formen schlechter Kunst überhaupt nichts Mysteriöses ist, weil sie die wiedererkennbaren und vertrauten Schleichwege selbstsüchtiger Tagträume sind. Gute Kunst zeigt uns, wie schwer es ist, objektiv zu sein, indem sie uns veranschaulicht, wie anders sich die Welt einer objektiven Sicht darstellt. Uns wird ein wahrheitsgetreues Bild der menschlichen Lebensumstände gezeigt, und das in einer Form, die wir dauerhaft in Gedanken halten können; und für viele von uns ist gute Kunst tatsächlich der einzige Kontext, in dem wir überhaupt fähig sind, über unsere Lebensumstände nachzudenken. Kunst transzendiert selbstsüchtige und obsessive Grenzen der Persönlichkeit und kann die Sensibilität derer, die sie konsumieren, vergrößern. Sie ist eine Art indirekte Güte. Vor allem aber zeigt sie uns, in wirklich menschlichen Menschen, das Zusammenkommen von klarer, realistischer Sicht und Mitgefühl. Der Realismus großer Künstler:innen ist kein fotografischer Realismus, er ist seinem Wesen nach sowohl Mitleid als auch Gerechtigkeit.

Wir finden hierin eine bemerkenswerte Erlösung von unserer Tendenz, Tod und Zufälligkeit durch die Erfindung von Formen zu verschleiern. Jede Geschichte, die wir über uns erzählen, tröstet uns, weil sie etwas in ein Muster presst, das ansonsten unerträglich zufällig und unvollständig anmuten könnte. Aber das menschliche Leben ist zufällig und unvollständig. Es ist die Aufgabe der Tragödie, wie auch der Komödie und der Malerei, uns Leid ohne Erregung und Tod ohne Trost zu zeigen. Oder wenn es irgendeinen Trost geben sollte, so ist es der nüchterne Trost einer Schönheit, die uns lehrt, dass nichts im Leben von Wert ist außer dem Bemühen, tugendhaft zu sein. Masochismus ist der größte und subtilste Feind von Kunstschaffenden. Es ist nicht leicht, den Tod darzustellen – den wirklichen Tod, keinen falschen, aufgehübschten Tod. Selbst Tolstoi ist das in *Iwan Iljitsch* nicht wirklich gelungen, wenn auch anderswo. Die großen Tode der Literatur sind wenige an der Zahl, aber sie zeigen uns mit einer beispielhaften Klarheit die Weise, auf die uns die Kunst belebt durch ihre Nebeneinanderstellung, beinahe Gleichsetzung, von Zwecklosigkeit und Wert. Der Tod von Patroklos, der Tod von Cordelia, der Tod von Pétja Rostów.[7] Alles ist eitel. Das Einzige, was wirklich wichtig ist, ist die Fähigkeit, es klar zu sehen und ihm in unserer Antwort gerecht zu werden, was untrennbar mit Tugendhaftigkeit verbunden ist. Vielleicht ist es eine der allergrößten Leistungen, diesen Eindruck von absoluter Sterblichkeit nicht mit dem Tragischen, sondern mit dem Komischen zusammenzubringen. Schaal und Stille.[8] Stepan Trofimowitsch Werchowenski.[9]

7 Held:innen, die eines gewaltsamen Todes sterben: Patroklos in der Schlacht um Troja, Cordelia am Galgen in Shakespeares *König Lear* und Pétja Rostów als Soldat im Kampf in Tolstois *Krieg und Frieden*. A. d. Ü.

8 Charaktere in Shakespeares *Heinrich IV*, Teil 2. A. d. Ü.

9 Charakter aus Dostojewskis *Die Dämonen*. A. d. Ü.

Kunst ist also weder Zeitvertreib noch Nebensächlichkeit, sie ist die bildendste aller menschlichen Aktivitäten und ein Ort, an dem die Natur der Moral *gesehen* werden kann. Die Kunst gibt vielen Ideen, die uns Rätsel aufgeben, wenn wir ihnen anderswo begegnen, einen klaren Sinn, und sie ist ein Hinweis darauf, was anderswo geschieht. Kunstverständnis jeder Art geht einher mit einer Anerkennung von Hierarchie und Autorität. Es gibt ganz offensichtlich unterschiedliche Grade des Gelingens, es gibt Höhen und Distanzen; selbst Shakespeare ist nicht vollkommen. Im Gegensatz zu schlechter Kunst, zu »Happenings«, ist gute Kunst etwas, das primär außerhalb von uns liegt und gegenüber unserem Bewusstsein beständig bleibt. Wir unterwerfen uns ihrer Autorität mit einer Liebe, die weder besitzergreifend noch selbstsüchtig ist. Die Kunst zeigt uns die einzige Art, auf die das Bleibende und Unverderbbare mit dem Vergänglichen vereinbar ist; und, ob gegenständlich oder nicht, sie gewährt uns Einblicke in Aspekte unserer Welt, die zu sehen unser gewöhnliches, stumpfes Traumbewusstsein gar nicht in der Lage ist. Kunst durchsticht den Schleier und füllt die bloße Ahnung von einer Realität jenseits der Erscheinungen mit Bedeutung; sie zeigt, im Kontext von Tod und Zufälligkeit, die Tugend in ihrer wahren Gestalt.

Platon war der Ansicht, dass Schönheit ein Ausgangspunkt für das gute Leben sein könnte, doch mit der Zeit misstraute er der Kunst, und wir können in diesem großen Geist einer Austragung des eigentümlich aufwühlenden Kampfs zwischen Künstler und Heiligem beiwohnen. Platon gestand der Schönheit des lieblichen Jungen eine erweckende Kraft zu, die er der Schönheit der Natur und der Kunst versagte. Am Ende scheint er zu der Überzeugung gelangt zu sein, dass alle Kunst schlechte Kunst sei, eine bloße Fiktion und ein Trost, der die Wirklichkeit verzerrt. Über die Natur scheint er im Kontext der Ideenlehre zumindest einmal im Zweifel gewesen zu ein. Gibt es Ideen von Schlamm, Haar und Dreck? Wenn ja, dann wird die Natur in den Bereich wahrhaften Sehens zurückgeholt. (Mein vorangegangenes Argument geht natürlich davon aus, dass es, platonisch ausgedrückt, diese Ideen gibt.) Ein weiterer Ausgangspunkt oder Weg aber, von dem Platon öfter spricht, ist der Weg der *technai*, der Wissenschaften, des Handwerks, der Disziplinen des Intellekts unter Ausschluss der Künste. Ich denke, es gibt einen Weg des Intellekts, ein Sinn, in dem intellektuelle

Disziplinen moralische Disziplinen sind, und das ist auch nicht besonders schwer zu erkennen. Es gibt wichtige Brückenideen zwischen der Moral und vermeintlich anderen menschlichen Aktivitäten, und diese Ideen werden im Kontext der *technai* vielleicht am deutlichsten gesehen. Und ähnlich wie wir die Natur der Kunst als Hinweis oder Fährte verwenden, so können wir vielleicht mehr über den zentralen Bereich der Moral lernen, wenn wir wichtige Begriffe an anderen Orten untersuchen – wo sie dem Wesen nach gleich, aber leichter zu sehen sind. Ich denke hier an Begriffe wie Gerechtigkeit, Genauigkeit, Wahrhaftigkeit, Realismus, Demut, Mut als Fähigkeit, eine klare Sicht zu bewahren, Liebe als Bindung oder gar als unsentimentale oder selbstlose Leidenschaft.

Die *technê*, die Platon für die wichtigste hielt, war die Mathematik, weil sie am exaktesten und abstraktesten war. Ich wähle als Beispiel einer *technê* eines, das mir mehr entgegenkommt: das Erlernen einer Sprache. Wenn ich beispielsweise Russisch lerne, dann sehe ich mich einer Struktur gegenüber, die Autorität besitzt und mir Respekt abverlangt. Die Aufgabe ist schwierig, das Ziel in weiter Ferne und möglicherweise nie ganz erreichbar. Meine Arbeit ist eine zunehmende Enthüllung von etwas, das unabhängig von mir existiert. Aufmerksamkeit wird mit einer Erkenntnis der Wirklichkeit belohnt. Liebe zur russischen Sprache führt mich aus mir heraus, hin zu etwas mir Fremdem, etwas, das mein Bewusstsein nicht annektieren, sich einverleiben, leugnen oder unwirklich machen kann. Die Ehrlichkeit und Demut, die von der Schülerin verlangt werden – nicht vorzutäuschen, dass sie weiß, was sie nicht weiß –, ist die Grundsteinlegung für die Ehrlichkeit und Demut der Wissenschaftlerin, die sich gar nicht erst versucht fühlt, eine Tatsache, die ihre Theorie untergräbt, zu verdrängen. Natürlich kann eine *technê* missbraucht werden; ein Wissenschaftler könnte sich angehalten fühlen, eine bestimmte Forschungsrichtung aufzugeben, wenn er weiß, dass seine Entdeckungen in falschen Händen schlimme Folgen haben könnten. Aber abgesehen von besonderen Umständen sind Lernen und Studieren normalerweise Tätigkeiten, die nicht nur Talent, sondern auch Tugend erfordern und die uns eine fundamentale Weise zeigen, auf die Tugendhaftigkeit mit der wirklichen Welt verbunden ist.

Ich habe dargelegt, dass wir im Falle der *technai* so klar wie sonst kaum die Natur von für die Moral zentralen Begriffen wie Gerechtigkeit, Wahrhaftigkeit oder Demut sehen können. Auch können wir die Entfaltung und die Verflochtenheit dieser Begriffe sehen, beispielsweise wenn etwas, das aus einer Perspektive nach bloßer Genauigkeit aussieht, aus einer anderen mehr nach Gerechtigkeit, Mut oder gar Liebe aussieht. Die Entwicklung eines Sprachgefühls ist die Entwicklung eines umsichtigen, respektvollen Gespürs für etwas, das beinahe wie ein anderer Organismus ist. Eine intellektuelle Disziplin kann die gleiche Art Rolle spielen wie die, welche ich der Kunst zugeschrieben habe: Sie kann die Vorstellungskraft erweitern, das Sichtfeld vergrößern und das Urteilsvermögen stärken. Als Platon die Mathematik zur Königin der *technai* erhob, war er der Ansicht, dass mathematisches Denken uns von der materiellen Welt fortführt und die Wahrnehmung einer neuartigen Realität, die so ganz anders ist als gewöhnliche Erscheinungen, ermöglicht. Und man könnte auch von anderen Disziplinen, Geschichte, Philologie, Chemie, sagen, dass sie uns einen neuartigen Gegenstand vorlegen und uns eine neue Wirklichkeit hinter den Erscheinungen zeigen. Diese forschenden Tätigkeiten sind nicht nur eine Übung in Tugendhaftigkeit, sie können als einführende bildliche Darstellungen des spirituellen Lebens gedacht werden. Aber sie sind nicht das spirituelle Leben selbst und der Geist, der bei ihnen stehenbleibt, hat noch nicht die volle Tugend erlangt.

Ich möchte mich nun dem zentralen Gegenstand meines Arguments, dem Guten, näher zuwenden. Schönheit und die *technai* sind, in Platons Worten, der in großen Lettern geschriebene Text. Der Begriff des Guten selbst ist der deutlich schwerer zu lesende, aber dem Wesen nach ähnliche Text in kleinen Lettern. Bei intellektuellen Unterfangen und dem Genuss von Kunst und Natur entdecken wir Wert in der Fähigkeit, das Selbst zu vergessen, realistisch zu sein, gerecht zu sehen. Wir nutzen unsere Vorstellungskraft nicht, um der Welt zu entfliehen, sondern um an ihr teilzuhaben, und das berauscht uns aufgrund der Distanz zwischen unserem gewöhnlichen, stumpfen Bewusstsein und dem Gewahrwerden des Wirklichen. Die Wertbegriffe sind hier ganz offensichtlich fest mit der Welt verknüpft, sie sind gewissermaßen zwischen den wahrheitssuchenden Geist und die Welt gespannt, sie sind nicht als verzichtbare Mitarbeiter des persönlichen Willens unterwegs. Die Autorität der Moral ist die Autorität der Wahrheit, d. h. der Wirklichkeit. Wir können die Größe, die Ausdehnung dieser Begriffe sehen, wenn geduldige Aufmerksamkeit in einem stufenlosen Prozess akkurates Wahrnehmen in gerechte Einsicht verwandelt. Auch können wir hier sehen, dass es für die besondere Art Geschöpf, die wir sind, natürlich ist, dass Liebe und Gerechtigkeit untrennbar verbunden sein sollten, genauso wie klare Sicht und Respekt für die Wirklichkeit.

Dass Tugendhaftigkeit im zentralen Bereich der Moral auf genau die gleiche Weise zu Werke geht, ist weniger leicht zu erkennen. Menschen sind deutlich komplizierter, rätselhafter und mehrdeutiger als Sprachen oder mathematische Begriffe, und die Selbstsucht verfährt viel hinterlistiger und unberechenbarer, wenn wir es mit ihnen zu tun haben. Unwissenheit, Verwirrung, Furcht, Wunschdenken, Mangel an Überprüfungsmöglichkeiten geben uns oft das Gefühl, dass moralische Entscheidungen etwas Beliebiges sind, eher eine Sache des persönlichen Willens und kein Anlass, sich aufmerksam mit etwas zu befassen. Unsere Bindungen haben die Tendenz, selbstsüchtig und stark zu sein, und die Verwandlung unserer Art zu lieben, von selbstsüchtig zu selbstlos, ist manchmal kaum vorstellbar. Doch ist die Situation wirklich so anders? Sollte ein behindertes Kind zu Hause behalten werden oder sollte man ihm einen Heimplatz suchen? Sollte ein älterer Verwandter, der ein Querulant ist, weiter zu Hause umsorgt werden, oder sollte man ihn bitten zu gehen? Sollte eine unglückliche Ehe zum Wohle der Kinder fortgeführt werden? Sollte ich meine Familie verlassen, um mich politisch zu engagieren? Sollte ich sie vernachlässigen, um meiner Kunst nachzugehen? Die Liebe, die die richtige Antwort gibt, ist eine Übung in Gerechtigkeit und in Realismus und in wirklichem *Hinschauen*. Die Schwierigkeit besteht darin, die Aufmerksamkeit auf der wirklichen Situation zu halten und zu verhindern, dass sie sich heimlich zum Selbst mit all seinem Trost in Selbstmitleid, Verbitterung, Einbildung und Verzweiflung zurückstiehlt. Die Verweigerung der Aufmerksamkeit mag gar ein fiktives Gefühl der Freiheit erzeugen: Ich könnte genauso gut eine Münze werfen. Natürlich besteht Tugendhaftigkeit in guten Angewohnheiten und pflichtbewussten Handlungen. Aber die Hintergrundbedingungen solcher Angewohnheiten und Handlungen beim Menschen sind eine gerechte Sichtweise und eine gute Bewusstseinsqualität. Die Welt so zu sehen, wie sie wirklich ist, ist *Arbeit*. Es ist eine *Aufgabe*. Eine Philosophie, die Pflicht in keinen Kontext setzt und die Idee von Freiheit und Kraft als losgelösten höchsten Wert verherrlicht, ignoriert diese Aufgabe und verschleiert das Verhältnis zwischen Tugend und Wirklichkeit. »Wenn die Zeit gekommen ist«, handeln wir nicht aus Willenskraft heraus richtig, sondern auf der Basis der Qualität unserer normalen Bindungen und mit der Art von Energie und Einsicht, die uns zur Verfügung steht. Und hierfür ist die gesamte Aktivität unseres Bewusstseins relevant.

Die zentrale, erklärende Vorstellung, in der die verschiedenen Aspekte des von mir hier vorgelegten Bildes zusammenlaufen, ist der Begriff des Guten.[10] Es ist ein Begriff, der zum Teil deshalb nicht leicht zu verstehen ist, weil er so viele falsche Doppelgänger hat, plötzlich auftauchende Mittelsmänner, die die menschliche Selbstsucht sich ausgedacht hat, um die schwere Aufgabe der Tugend leichter und attraktiver erscheinen zu lassen: Geschichte, Gott, Luzifer, Ideen von Macht, Freiheit, Zweckhaftigkeit, Belohnung, selbst von Urteilskraft sind irrelevant. Mystiker:innen aller Art wissen für gewöhnlich hierum und versuchen mit extremer Sprache, die Nacktheit und das Alleinsein des Guten, seine absolute Für-Nichts-Heit darzustellen. Man könnte sagen, dass wahre Moral eine Art nichtesoterischer Mystizismus ist, da ihre Quelle in einer nüchternen und ungetrösteten Liebe für das Gute besteht. Wenn Platon das Gute erklären will, benutzt er das Bild der Sonne. Der moralisch Suchende tritt aus der Höhle heraus und beginnt, die wirkliche Welt im Licht der Sonne zu sehen, bis er letztlich in der Lage ist, die Sonne selbst anzuschauen. Ich möchte nun verschiedene Aspekte dieser äußerst reichhaltigen Metapher kommentieren.

Die Sonne wird als Endpunkt einer langen Suche gesehen, die eine Reorientierung (die in der Höhle Gefangenen müssen sich umdrehen) und einen Aufstieg beinhaltet. Sie ist real, sie ist da draußen, allerdings sehr weit weg. Sie spendet Licht und Energie und ermöglicht es uns, die Wahrheit zu erkennen. In ihrem Licht sehen wir die Dinge dieser Welt in ihren wahren Zusammenhängen. Sie selbst anzuschauen ist äußerst schwierig und anders, als Dinge in ihrem Licht zu betrachten. Sie ist eine andere Art Ding als das von ihr Beleuchtete. Man beachte hier die Metapher »Ding«. »Gut« ist

10 Im Folgenden ist nahezu durchgängig von *Good* die Rede – kapitalisiert und ohne Artikel. Diese Originalschreibweise lässt mehr Deutungsmöglichkeiten zu als die deutsche Übersetzung mit »das Gute«, was mitbedacht werden sollte. A. d. Ü.

ein Begriff, bei dem wir ganz natürlich und nicht nur in philosophischer Sprechweise auf platonische Ausdrucksweisen zurückgreifen – wenn wir davon sprechen, nach dem Guten zu trachten oder das Gute zu lieben. Auch sagen wir manchmal auf ernste Weise von gewöhnlichen Dingen, Menschen, Kunstwerken, dass sie gut sind, auch wenn wir wohl um ihre Unvollkommenheiten wissen. Das Gute lebt gewissermaßen beidseitig des Grenzwalls und wir können das Streben nach vollkommener Güte mit einem realistischen Gespür für Erfolge innerhalb unserer eingeschränkten Möglichkeiten verbinden. Trotz all unserer Schwächen hat das Gebot »Ihr sollt vollkommen sein«[11] eine Bedeutung für uns. Der Begriff des Guten widersetzt sich dem Verfall, der Einverleibung in das selbstsüchtige empirische Bewusstsein. Er ist kein bloßes Werte-Label des wählenden Willens, und funktionale und alltägliche Verwendungen von »gut« (ein gutes Messer, ein guter Kerl) sind keine Hinweise auf die Struktur des Begriffs, selbst wenn manche Philosoph:innen davon überzeugt sein mögen. Der angemessene und ernsthafte Gebrauch des Ausdrucks verweist uns auf eine Vollkommenheit, die in der Welt, die wir kennen, vielleicht niemals vorkommt (»Es gibt nichts Gutes in uns«) und die Ideen von Hierarchie und Transzendenz mit sich trägt. Wie wissen wir, dass die Großen und Mächtigen nicht die Vollkommenen sind? Wir sehen Unterschiede, wir erahnen Richtungen und wir wissen, dass das Gute irgendwo jenseits ihrer ist. Das Selbst, der Ort, an dem wir leben, ist ein Ort der Illusion. Güte ist mit dem Versuch verbunden, das Nichtselbst *(unself)* zu sehen, die wirkliche Welt zu sehen und im Lichte eines tugendhaften Bewusstseins auf sie zu reagieren. Das ist die nichtmetaphysische Bedeutung der Idee der Transzendenz, auf die Philosoph:innen in ihren Erläuterungen der Güte so regelmäßig zurückgreifen. »Das Gute ist eine transzendente Realität« bedeutet, dass jede Tugend der Versuch ist, den Schleier des selbstsüchtigen Bewusstseins zu zerreißen und an der Welt, so wie sie wirklich ist, teilzuhaben. Es ist eine empirische Tatsache über die menschliche Natur, dass dieses Unterfangen nie gänzlich erfolgreich sein kann.

Natürlich haben wir es hier mit einer Metapher zu tun, aber mit einer sehr wichtigen und keiner, die nur zur Philosophie gehört oder nur eine Art Modell ist. Wie ich bereits eingangs sagte,

11 Matthäus 5,48 (»Darum sollt ihr vollkommen sein«). A. d. Ü.

sind wir Wesen, die in vielen unserer wichtigsten Tätigkeiten unersetzbare Metaphern benutzen. Und der anständige Mensch ist wahrscheinlich seit jeher in der Lage, zwischen dem wirklich Guten und seinen falschen Doppelgängern zu unterscheiden, wenn er dabei auch unsicher sein mag und sich seine Vorgehensweise nicht erklären kann. In den meisten ideologischen Kontexten kann die Tugend um ihrer selbst willen geliebt werden. Die fundamentalen Metaphern tragen diese Liebe gewissermaßen durch das Falsche hindurch und darüber hinaus. Metaphern können ein Modus des Verstehens unseres Zustands sein und damit des Eingreifens in diesen. Philosoph:innen machen lediglich auf explizite, systematische und oft hinterlistige Weise das, was gewöhnliche Menschen instinktiv machen. Platon, der diese Situation besser als die meisten metaphysischen Philosoph:innen erfasste, bezeichnete viele seiner Theorien als »Mythen« und sagt uns, dass der *Staat* als Allegorie der Seele gedacht werden soll. »[I]m Himmel ist doch vielleicht ein Muster aufgestellt für den, der sehen will und nach dem, was er sieht, sich selbst einrichten. Es gilt aber gleich, ob ein solcher irgendwo ist oder sein wird; denn dessen Angelegenheiten allein wird [der gute Mensch] doch verwalten wollen, eines anderen aber gar nicht« (*Politeia* 592).[12]

Ich möchte nun mit meiner Erläuterung des Begriffs des Guten und seiner besonderen Verbindungen zu anderen Begriffen weitermachen, indem ich mich zunächst der einenden Kraft dieser Idee und anschließend ihrer Undefinierbarkeit zuwende. Weiter oben sagte ich, dass mir keine metaphysische Einheit im menschlichen Leben bekannt ist: Alles unterliegt Sterblichkeit und Zufall. Und doch träumen wir weiterhin von Einheit. Die Kunst ist unser leidenschaftlichster Traum. Die Moral verweist uns tatsächlich auf eine gewisse Einheit, doch ist sie von besonderer Art und so ganz anders als die in sich geschlossene theoretische Einheit der Ideologien. Platon stellt sich die Reise der Seele als Aufstieg über vier Ebenen der Erleuchtung vor. Auf jeder Ebene entdeckt die Seele weitere Dinge, die sie bisher für Wirklichkeiten hielt und die sich als bloße Schatten oder Abbilder von noch wirklicheren Dingen entpuppen. Am Ende ihrer Suche gelangt sie zu einem nichthypo-

12 Platon, *Sämtliche Werke*, Bd. 2. Übersetzt von Friedrich Schleiermacher. Hamburg 2020 (1957-59), S. 505. A. d. Ü.

thetischen ersten Prinzip, nämlich der Idee des Guten, die es ihr dann ermöglicht, wieder hinabzusteigen und ihren Weg zurückzuverfolgen, doch bewegt sie sich nun ausschließlich durch die Ideen oder wahren Auffassungen von Dingen, die sie vorher bloß zum Teil verstanden hatte (*Politeia* 510-511). Dieser Abschnitt der *Politeia* hat große Diskussionen hervorgerufen, doch mir scheint seine allgemeine Anwendung auf die Moral recht eindeutig zu sein. Der Geist, der zur Ansicht des Guten emporgestiegen ist, kann anschließend die Begriffe, durch die er hindurchgestiegen ist (Kunst, Arbeit, Natur, Menschen, Ideen, Institutionen, Situationen etc., etc.), in ihrer wahren Natur und in ihren korrekten Beziehungen zueinander sehen. Der gute Mensch weiß, ob und wann Kunst oder Politik wichtiger als Familie ist. Der gute Mensch sieht die Art und Weise, auf die die Tugenden miteinander verbunden sind. Platon legt uns tatsächlich nirgendwo eine systematische und einheitliche Theorie der Welt der Ideen vor, auch wenn er impliziert, dass es eine Hierarchie der Ideen gibt. (Wahrheit und Wissen kommen beispielsweise recht bald nach dem Guten, *Politeia* 509A). Er weist allerdings darauf hin, dass wir insofern mit der Idee einer solchen Hierarchie arbeiten, als wir durch unser Erfassen des Guten Ordnung in unsere Auffassungen über die Welt bringen.

Das scheint mir zu stimmen. Platons Bild deutet an, dass absolute Einheit nicht zu sehen ist, bis man am höchsten Punkt angelangt ist, doch führt moralische Weiterentwicklung zu Intuitionen von Einheit, die zunehmend weniger irreführend sind. Wenn wir unsere Kenntnisse der Tugenden vertiefen, beginnen wir, Verbindungen zu ziehen, und führen Hierarchien ein. Anfangs mochte Mut noch wie etwas Eigenständiges ausgesehen haben, wie eine Art spezialisierte Kühnheit des Geistes, doch nun wird er als besonderer Einsatz von Weisheit und Liebe betrachtet. Wir lernen, eine selbstbehauptende, wilde Entschlossenheit von derlei Mut zu unterscheiden, die einen Menschen dazu befähigt, sich ruhig und wohlbedacht für das Arbeitslager und gegen den bequemen Kompromiss mit dem Tyrannen zu entschließen. Es wird unmöglich, nur eine Tugend zu haben, es sei denn, es handelt sich um eine triviale wie etwa Sparsamkeit. Solche Transformationen wie diese sind Fälle des Sehens der Ordnung der Welt im Lichte des Guten und des Wiederaufgreifens von wahren, oder wahreren, Auffassungen von Dingen, die wir früher falsch verstanden haben. Wir finden heraus, dass Freiheit nicht darin besteht, unser Gewicht in irgendwelche Waagschalen zu werfen, sondern in der disziplinierten Überwindung des Selbst. Demut ist keine eigenartige Angewohnheit des Sichzurückhaltens, vergleichbar etwa mit dem Besitz einer nicht hörbaren Stimme, sie ist selbstloser Respekt gegenüber der Wirklichkeit und eine der schwierigsten und zentralsten Tugenden von allen.

Aufgrund seiner zwiespältigen Einstellung zur wahrnehmbaren Welt, von der ich bereits sprach, und aufgrund seines Vertrauens in die revolutionäre Kraft der Mathematik sieht es manchmal so aus, als würde Platon andeuten, dass der Weg zum Guten weg von der Welt des Bestimmten und des Details führt. Doch er spricht nicht nur von einer aufsteigenden, sondern auch von einer absteigenden Dialektik und von einer Rückkehr in die Höhle. Wenn Güte in der Politik und auf dem Marktplatz irgendwie nützlich sein soll, muss sie unbedingt ihre zunehmenden Intuitionen von Einheit mit einem zunehmenden Verständnis von Komplexität und Detail zusammenbringen. Falsche Auffassungen sind oft verallgemeinert, stereotypisiert und unzusammenhängend. Wahre Auffassungen verknüpfen gerechte Modi des Urteilens und die Fähigkeit, Verbindungen zu ziehen, mit einer zunehmenden Detailwahrnehmung. Der Fall der Mutter, die bei der Entscheidung, ob die ältliche Tante endgültig woanders untergebracht werden sollte, jedes ihrer Familienmitglieder sorgsam berücksichtigen muss. Es ist diese doppelte Offenbarung von sowohl zufälligem Detail als auch intuitiv erfasster Einheit, die uns in allen Lebensbereichen begegnet, wenn wir auf der Suche danach sind, was am besten ist. In der Kunst und in der intellektuellen Arbeit können wir das noch einmal ganz deutlich sehen. Die großen Künstler:innen offenbaren die Details der Welt. Gleichzeitig ist ihre Größe nichts Eigentümliches und Persönliches wie ein Eigenname. Künstler:innen sind in Hinsichten groß, die sich zu einem gewissen Grad ähneln, und wachsendes Verständnis für eine Kunst offenbart die Einheit dieser Kunst in ihrer Vortrefflichkeit. Jede seriöse Kritik geht hiervon aus, auch wenn sie davor zurückschrecken mag, dies auf theoretische Weise auszudrücken. Kunst enthüllt die Wirklichkeit, und weil es eine bestimmte Art gibt, auf die die Dinge beschaffen sind, gibt es eine Verbundenheit unter Künstler:innen. Genauso unter Wissenschaftler:innen. Die Ehrlichkeit einer Chemikerin und die Ehrlichkeit eines Historikers scheinen in etwa die gleiche Tugend zu sein und könnten sich in beiden Fällen ähnlich entwickeln. Und es gibt eine weitere Ähnlichkeit zwischen der Ehrlichkeit, die es braucht, um die eigene Theorie über den Haufen zu werfen, und der Ehrlichkeit, die es braucht, um den tatsächlichen Zustand seiner Ehe anzuschauen, auch wenn Letzteres zweifelsohne um ein Vielfaches schwerer ist. Platon wird manchmal vorgeworfen, die intellektuellen Disziplinen überzubewerten, doch er spricht ihnen, wenn er sie für sich betrachtet, ausdrücklich einen hohen, aber sekundären Platz zu. Ein seriöser Wissenschaftler macht sich um vieles verdient. Aber eine seriöse Wissenschaftlerin, die zudem noch ein guter Mensch ist, kennt nicht nur ihr Fach, sondern auch den angemessenen Platz des Fachs in ihrem Leben als Ganzem. Das Verständnis, das die Wissenschaftlerin zu der richtigen Entscheidung führt, ein bestimmtes Forschungsvorhaben abzubrechen, oder das den Künstler zu der richtigen Entscheidung führt, was seine Familie betrifft, ist dem Verständnis von Kunst und Wissenschaft als solchen überlegen. (Ist das nicht das, was *kaitoi noêtôn ontôn meta archês*[13] bedeutet? *Politeia* 511D). Wir sind zugegebenermaßen spezialisierte Wesen, wenn es um Moral geht. Erfolge in einem Gebiet scheinen keine Garantie für Erfolge in einem anderen Gebiet zu sein. Der gute Künstler ist nicht zwingend weise im Umgang mit seiner Familie und der Aufseher im Konzentrationslager kann ein sanfter Vater sein. Zumindest kann es dem Anschein nach so sein, wenn ich auch denken würde, dass der Künstler immerhin einen Ansatzpunkt hat und der Aufseher bei näherem Hinsehen als Familienmann nur bedingt geeignet ist. Der Schauplatz bleibt heterogen und komplex auf eine Weise, die jegliche Hoffnung auf eine Systematisierung nimmt, und doch ist er zugleich vom Anfang bis zum Ende durchzogen vom Begriff des Guten, der ihm die einzige Art schattenhafter, unerreichter Einheit gibt, die er zu besitzen vermag. Wir können nun sehen, dass der Bereich des Moralischen und damit auch der der Moralphilosophie sich nicht auf Schulden und Versprechen hinter vorgehaltener

13 »[...] obgleich, ginge man vom Anfange aus, sie ebenfalls erkennbar wären«, Platon, *Sämtliche Werke*, S. 418. Murdochs Punkt scheint hier zu sein, dass wissenschaftliche Arbeiten stets von Hypothesen ausgehen und nie zu ersten Prinzipien zurückgehen bzw. sie mit dem unbedingt Guten in Beziehung setzen. Deshalb sind ihre Ergebnisse in letzter Instanz ungesichert. Moralisches Sehen ist überlegen, weil es das große Ganze im Blick hat, weil es die Beziehung zum unbedingt Guten sucht. A. d. Ü.

Hand reduziert, sondern dass er unsere ganze Lebensweise und die Qualität unserer Verbindungen zur Welt umfasst.

Das Gute wird oft aus Gründen, die mit Freiheit zu tun haben, für undefinierbar gehalten. Das Gute ist ein leerer Raum, in den menschliche Entscheidungen einziehen können. Ich möchte nun gern nahelegen, dass wir die Undefinierbarkeit des Guten ganz anders begreifen sollten. Wenn wir der Sichtweise folgen, die ich im Vorangegangenen entwickelt habe, dann scheint es, als wüssten wir tatsächlich einiges über das Gute und über die Art und Weise, auf die es mit unseren Lebensumständen verbunden ist. Der gewöhnliche Mensch glaubt nicht, dass er mit seinen Entscheidungen Werte erschafft – es sei denn, er ist von der Philosophie verdorben. Der gewöhnliche Mensch glaubt, dass manche Dinge wirklich besser sind als andere und es sein kann, dass er mit seinen Einschätzungen diesbezüglich nicht immer richtig liegt. Normalerweise sind wir nicht verunsichert ob der Richtung, in der das Gute liegt. Ebenso erkennen wir die reale Existenz des Bösen: Zynismus, Grausamkeit, Gleichgültigkeit gegenüber Leid. Und dennoch bleibt der Begriff des Guten obskur und mysteriös. Wir sehen die Welt im Licht des Guten, was aber ist das Gute selbst? Die Quelle des Sehens wird nicht im gewöhnlichen Sinn gesehen. Platon sagt über sie, dass sie das ist, was »jede Seele anstrebt und um deswillen alles tut, ahnend, es gebe so etwas, aber doch nur schwankend und nicht recht treffen könnend, was es wohl ist«[14] (*Politeia* 505). Auch sagt er, dass das Gute die Quelle von Wissen und Wahrheit ist, sie aber an Herrlichkeit übertrifft (*Politeia* 508-509).

Es gibt eine Art logische Antwort auf die Frage, im modernen Sinn des Worts logisch, aber sie ist meiner Ansicht nach nicht die ganze Antwort. Nach dem Guten zu fragen, ist nicht das Gleiche wie danach zu fragen, was Wahrheit oder was Mut ist, da die Idee des Guten in eine Erklärung der Letzteren einfließen muss – in ihrem Licht muss die Erklärung voranschreiten. »Wahrer Mut ist …« Und wenn wir versuchen, das Gute als X zu definieren, dann müssen wir dazusagen, dass wir ein gutes X meinen. Wenn wir sagen, dass das Gute gleichbedeutend mit Vernunft ist, dann müssen wir über gute Urteilsfähigkeit reden. Wenn wir sagen, dass das Gute Liebe ist, dann müssen wir die Tatsache erklären, dass es

14 Platon, *Sämtliche Werke*, S. 412. A. d. Ü.

verschiedene Arten der Liebe gibt. Selbst der Begriff der Wahrheit hat seine Mehrdeutigkeiten, und wir können tatsächlich nur vom Guten sagen, »es ist sein eignes Gericht und bedarf keines anderen Prüfsteins«.[15] Dem kann ich nur zustimmen. Auch wird dafür argumentiert, dass alle Dinge, die Grade der Vortrefflichkeit aufweisen können, diese in unterschiedlicher Manier aufweisen. Die Idee der Vollkommenheit kann nur an bestimmten Einzelfällen festgemacht werden und dann nur anhand der in diesem Fall angemessenen Vollkommenheit. Man kann also nicht im Allgemeinen darüber reden, was Vollkommenheit ist, so wie man über Großzügigkeit oder gute Malerei reden kann. In jedem Fall gehen die Meinungen darüber auseinander und die Wahrheit eines Werturteils kann nicht bewiesen werden. Dieser Argumentationsgang wird manchmal verwendet, um die Ansicht zu stützen, dass »gut« leer und nahezu trivial ist, ein bloßes Wort, »das allgemeinste Adjektiv der Empfehlung«,[16] eine Markierung des suchenden Willens, ein Ausdruck, der um der größeren Klarheit willen durch »Ich bin dafür« ersetzt werden könnte. Dieses Argument und seine Schlussfolgerung scheinen mir aus den bereits vorgelegten Gründen falsch: Vortrefflichkeit hat eine Art Einheit, und es gibt Tatsachen über unsere Lebensumstände, von denen Linien ausgehen, die in einer ganz bestimmten Richtung konvergieren. Zudem gibt es noch andere Gründe, aus denen sie falsch sind und die ich nun vorbringen möchte.

Eine genuine Mysteriösität umgibt die Idee der Güte und die Idee des Guten. Es ist ein Mysterium mit mehreren Aspekten. Die Undefinierbarkeit des Guten hängt mit der unsystematischen und unerschöpflichen Vielseitigkeit der Welt und der Zwecklosigkeit der Tugenden zusammen. Es gibt hier eine besondere Verbindung zwischen dem Begriff des Guten und den Ideen von Tod und Zufall. (Man könnte sagen, dass der Zufall ein Teilbereich des Todes ist. In jedem Fall ist er unser wirkungsvollstes *Memento mori.*) Ein echtes Bewusstsein unserer Sterblichkeit ermöglicht es uns, Tugendhaftigkeit als das Einzige zu sehen, was Wert besitzt; und es

15 Variation eines Zitats von Ben Jonson, der dies über die Wahrheit sagt: »Truth is trial of itself / And needs no other touch«, in James Warre, *The Touch-Stone of Truth*, London 1621, S. 4. A. d. Ü.

16 Anspielung auf die erste Definition von *good* im *Oxford English Dictionary*, wo es auch aktuell heißt: »the most general and most frequently used adjective of commendation«. A. d. Ü.

ist unmöglich, die Arten, auf die sie uns abverlangt wird, zu begrenzen oder vorherzusehen. Dass wir die Welt nicht beherrschen können, kann auch positiver ausgedrückt werden. Das Gute ist mysteriös aufgrund der menschlichen Gebrechlichkeit, aufgrund der immensen Entfernung, die hier vorliegt. Wenn es Engel gäbe, so könnten sie »gut« vielleicht definieren, aber wir würden ihre Definition nicht verstehen. Wir sind weitgehend mechanische Kreaturen, Sklaven unnachgiebig starker, selbstsüchtiger Kräfte, die wir kaum begreifen. Im besten Fall sind wir anständige Menschen und als solche normalerweise sehr spezialisiert. Wir verhalten uns gut in Bereichen, in denen es uns leichtfällt, und lassen andere Bereiche möglicher Tugend unentwickelt. Vielleicht gibt es in jedem Menschen unüberwindbare psychologische Schranken, die ihn von Güte trennen. Das Selbst ist ein gespaltenes Ding und es kann in seiner Gänze ebenso wenig erlöst werden, wie es erkannt werden kann. Und wenn wir außerhalb des Selbst schauen, dann sind es vereinzelte Andeutungen des Guten, die wir sehen. Es gibt wenige Orte, an denen Tugend hell und deutlich leuchtet: große Kunst, demütige Menschen, die anderen dienen. Und können wir, ohne uns zu verbessern, diese Dinge wirklich klarsehen? Es ist der Kontext solcher Beschränkungen, in dem wir uns unsere Freiheit vorstellen sollten. Freiheit ist meiner Ansicht nach ein gemischter Begriff. Seine wahre Hälfte ist schlicht der Name eines Tugendaspekts, der im Besonderen mit der Nachjustierung, mit der Schärferstellung unserer Sichtweise und der Beherrschung selbstsüchtiger Impulse zu tun hat. Die falsche und beliebtere Hälfte ist der Name der selbstbehauptenden Bewegungen des sich etwas vormachenden, selbstsüchtigen Willens, die wir aufgrund unserer Ignoranz für etwas Autonomes halten.

Es ist uns also aus den folgenden Gründen unmöglich, menschliche Vortrefflichkeit zusammenzufassen: Die Welt ist ziellos, zufällig und riesig und wir sind vom Selbst geblendet. Es gibt eine dritte Überlegung, die eine Verwandte der ersten beiden ist. Es ist *schwer*, die Sonne anzuschauen: Es ist anders als das Anschauen von anderen Dingen. Irgendwie halten wir an der Idee fest, dass die Linien irgendwo wirklich zusammenlaufen, und die Kunst drückt dies aus und symbolisiert es. Es gibt ein magnetisches Zentrum. Aber es ist einfacher, auf die zusammenlaufenden Ränder zu schauen als auf das Zentrum selbst. Wir wissen und begreifen nicht, wie es im

Zentrum ist, und können das wahrscheinlich auch nicht wissen und begreifen. Man mag nun sagen, wenn wir sowieso nichts sehen können, warum sollen wir dann überhaupt versuchen, hinzuschauen? Und besteht nicht die Gefahr, dass wir damit unsere Fähigkeit, uns auf die Ränder fokussieren zu können, beeinträchtigen? Ich denke, dass der Versuch zu schauen sinnvoll ist, auch wenn er aus Gründen des Masochismus und anderer obskurer Tricks der Psyche durchaus gefährlich ist. Der Impuls des Anbetens sitzt tief und ist ambig und alt. Es gibt falsche Sonnen, die leichter anzuschauen und viel tröstlicher sind als die wahre.

Platon hat uns in seiner großen Allegorie das Bild dieser verblendeten Anbetung mitgegeben. Der Blick der Gefangenen in der Höhle richtet sich zunächst auf die hintere Wand. Auf dieser Wand sehen sie, im Lichte des Feuers, das hinter ihnen brennt, die Schatten von Puppen, die zwischen ihnen und dem Feuer hin und her getragen werden, und sie halten diese Schatten für die gesamte Wirklichkeit. Wenn sie sich umdrehen, können sie das Feuer sehen, und um aus der Höhle hinauszugelangen, müssen sie an ihm vorbeigehen. Ich gehe davon aus, dass das Feuer das Selbst repräsentiert, die alte, unbelehrbare Psyche, diese große Quelle von Energie und Wärme. Auf der zweiten Erleuchtungsstufe haben die Gefangenen die Art Selbsterkenntnis gewonnen, die uns heutzutage so sehr interessiert. Sie können in sich selbst die Quellen von Neigungen sehen, die sie bis dahin für blinde, selbstsüchtige Instinkte gehalten haben. Sie sehen die Flammen, die die Schatten werfen, von denen sie früher dachten, sie seien wirklich, und sie sehen die Puppen, Nachahmungen von Gegenständen der wirklichen Welt, deren Schatten zu erkennen sie gewohnt waren. Noch träumen sie nicht davon, dass es mehr zu sehen geben könnte. Was liegt näher, als sich neben dem Feuer niederzulassen, das, auch wenn seine Form flackert und undeutlich ist, doch leicht anzuschauen ist und um das es sich so gemütlich sitzt?

Ich glaube, Kant fürchtete genau dies, als er sich solche Mühe gab, unsere Aufmerksamkeit von der empirischen Psyche wegzuleiten. Dieses mächtige Ding ist in der Tat ein faszinierender Gegenstand, und diejenigen, die sich mit seiner Kraft des Schattenwerfens näher befassen, untersuchen durchaus etwas Wirkliches. Eine Anerkennung dieser Kraft kann beim Entkommen aus der Höhle helfen; aber man kann sie auch als Endpunkt missdeuten.

Das Feuer kann fälschlicherweise für die Sonne und Selbstprüfung für Güte gehalten werden. (Natürlich hat nicht jeder, der der Höhle entkommen ist, notwendigerweise viel Zeit am Feuer verbracht. Vielleicht ist der gutherzige Landarbeiter der Höhle entkommen, ohne das Feuer überhaupt bemerkt zu haben.) Jede Religion, jede Ideologie kann durch den Austausch des wahren Objekts der Verehrung durch das Selbst, meistens getarnt als etwas anderes, degradiert werden. Doch trotz dessen, was Kant so sehr fürchtete, gibt es meiner Ansicht nach sowohl innerhalb wie auch außerhalb der Religion einen Platz für eine Art Kontemplation des Guten, und das nicht nur von dezidierten Fachleuten, sondern von ganz gewöhnlichen Menschen: eine Aufmerksamkeit, bei der es nicht nur um die Planung bestimmter guter Handlungen geht, sondern die im Versuch besteht, fort vom Selbst und in Richtung einer entfernten transzendenten Vollkommenheit zu schauen, einer Quelle nicht verunreinigter Energie, einer Quelle *neuer* und ganz ungeahnter Tugendhaftigkeit. Dieser Versuch, der eine Abwendung der Aufmerksamkeit vom Bestimmten ist, ist möglicherweise das, was am meisten hilft, wenn Schwierigkeiten unlösbar scheinen und vor allem wenn Schuldgefühle den Blick zurück zum Selbst locken. Hierin liegt die wahre Mystik der Moral, in einer Art undogmatischem Gebet, das wirklich und wichtig ist, wenn vielleicht auch schwierig und leicht missbrauchbar.

Ich habe von der Undefinierbarkeit des Guten gesprochen; aber können wir wirklich sonst nichts sagen? Selbst wenn wir ihm keinen anderen Namen geben können, selbst wenn es als über allem stehend und allein gedacht werden muss, gibt es keine weiteren Begriffe oder einen anderen Begriff, zu dem es eine ganz besondere Verbindung hat? Philosoph:innen haben oftmals versucht, solche Verbindungen auszumachen: Freiheit, Vernunft, Glück, Mut, Geschichte wurden in jüngerer Vergangenheit durchprobiert. Ich finde keinen dieser Kandidaten überzeugend. Sie scheinen auf individuelle Vorlieben der jeweiligen Philosoph:innen zurückzugehen, Vorlieben für irgendeinen spezialisierten Aspekt menschlichen Verhaltens, der viel weniger als das Ganze der Vortrefflichkeit umfasst und manchmal gar an sich selbst fragwürdig ist. Ich habe bereits einen Begriff erwähnt, der einen gewissen Anspruch hat, und werde abschließend auf ihn zurückkommen. Nun möchte ich mich der vermutlich offensichtlichsten wie auch ältesten und traditionellsten Anwärterin zuwenden, wenn sie auch von unseren zeitgenössischen Philosoph:innen kaum erwähnt wird: der Liebe. Natürlich ist das Gute souverän gegenüber der Liebe, wie es auch souverän gegenüber anderen Begriffen ist, da man mit Liebe auch Schlechtes bezeichnen kann. Aber ist da nicht trotz allem etwas an der Vorstellung einer umsichtigen Liebe, das praktisch mit Güte identisch ist? Ist nicht »handle liebend« in »handle vollkommen« übersetzbar, während »handle rational« dies nicht ist? Die Versuchung, das zu sagen, ist groß.

Dennoch denke ich, dass das Gute und die Liebe nicht miteinander identifiziert werden sollten, und das nicht nur, weil menschliche Liebe normalerweise selbstbehauptend ist. Selbst wenn die Idee der Liebe bereinigt ist, spielen die Begriffe immer noch unterschiedliche Rollen. Wir haben es hier mit sehr schwierigen Metaphern zu tun. Das Gute ist das magnetische Zentrum, in dessen Richtung sich die Liebe naturgemäß bewegt. Falsche Liebe bewegt sich in Richtung eines falschen Guts. Falsche Liebe unterwirft sich einem falschen Tod. Wenn das wahrhaft Gute geliebt wird, selbst auf unreine oder bloß zufällige Weise, wird die Qualität der Liebe automatisch verbessert; und wenn die Seele sich dem Guten zuwendet, wird der höchste Seelenteil belebt. Liebe ist die Spannung zwischen der unvollkommenen Seele und der magnetischen Vollkommenheit, die als jenseitig von ihr liegend gedacht wird. (Im *Symposion* stellt sich Platon die Liebe als arm und bedürftig vor.) Und wenn wir versuchen, auf vollkommene Weise zu lieben, was unvollkommen ist, dann geht unsere Liebe *via* dem Guten zu ihrem Gegenstand, um auf diese Weise rein, selbstlos und gerecht zu werden. Die Mutter, die ihr behindertes Kind liebt, oder den anstrengenden älteren Verwandten. Liebe ist der allgemeine Name der Eigenschaft des Gebundenseins, sie ist unendlicher Erniedrigung fähig und sie ist die Quelle unserer größten Fehler; doch wenn sie auch nur in Ansätzen rein und umsichtig ist, ist sie die Energie und Leidenschaft der Seele in ihrer Suche nach dem Guten, die Kraft, die uns mit dem Guten und durch das Gute mit der Welt verbindet. Ihre Existenz ist das unverkennbare Anzeichen dafür, dass wir spirituelle Wesen sind, von Vortrefflichkeit angezogen und gemacht für das Gute. Sie ist eine Reflexion der Wärme und des Lichts der Sonne.

Vielleicht ist es grundsätzlich eine Art persönliches Spiel, andere Namen für das Gute zu finden oder besondere Verbindungen aufzutun. Dennoch möchte ich abschließend einen letzten Schritt unternehmen. Güte ist verbunden mit der Akzeptanz wirklichen Todes, wirklichen Zufalls und wirklicher Vergänglichkeit, und nur vor dem Hintergrund solcher Akzeptanz, die psychologisch so schwierig ist, können wir Tugendhaftigkeit voll und ganz verstehen. Die Akzeptanz des Todes ist eine Akzeptanz unserer eigenen Nichtigkeit, die wiederum ein automatischer Ansporn zur Beschäftigung mit dem ist, was nicht unser Selbst ist. Der gute Mensch ist demütig; er ist ganz anders als der große neokantische Luzifer. Er ähnelt vielmehr Kierkegaards Zöllner. Demut ist eine seltene und altmodische Tugend; und sie ist oft schwer zu erkennen. Nur selten begegnet man jemandem, in dem sie geradezu leuchtet, in dem man verblüfft ein völliges Fehlen der unruhigen, habgierigen Tentakel des Selbst feststellt. Tatsächlich muss jeder andere Name für das Gute ein unvollständiger Name sein; doch Namen von Tugenden legen Denkrichtungen nahe, und diese Richtung scheint mir eine bessere zu sein als die, die von populäreren Begriffen wie Freiheit und Mut vorgegeben werden. Der demütige Mensch kann, weil er sich selbst als nichtig sieht, andere Dinge sehen, wie sie sind. Er sieht die Zwecklosigkeit der Tugend, er sieht ihren einzigartigen Wert, und er sieht das endlose Ausmaß ihrer Forderungen. Simone Weil sagt von der vor Gott ausgebreiteten Seele, dass ihr selbstsüchtiger Teil nicht zum Leiden verurteilt wird, sondern zum Tod. Der demütige Mensch weiß um die Distanz zwischen Leid und Tod. Und auch wenn er nicht per Definition der gute Mensch ist, gehört er doch zu der Sorte Mensch, der es von allen am ehesten möglich ist, gut zu werden.

Eva-Maria Düringer

Nachwort zur deutschen Ausgabe

Die Souveränität des Guten ist ein außergewöhnlich weitsichtiges und tiefgründiges Werk. Es befasst sich nicht nur mit so unterschiedlichen Positionen wie dem Existentialismus, der sprachanalytischen Moralphilosophie und dem Behaviorismus, es gelingt ihm zudem, in der Diversität dieser Ansätze ein gemeinsames Grundcharakteristikum zu identifizieren: die Ansiedelung alles Moralischen in einem Bereich idealer Rationalität und selbstgeschaffener Werte innerhalb einer naturwissenschaftlich beschreibbaren Welt. Doch mit dem Fokus auf diesen Bereich gerät die eigentliche moralische Arbeit, die jeder Mensch sich anschicken sollte zu leisten, aus dem Blick. Unter Rückgriff auf Simone Weil und Platon, auf Reflexionen über das Gebet und große Kunst bemüht sich Iris Murdoch um eine Skizze des wahren Charakters dieser Arbeit: Sie ist ein Üben in liebender Aufmerksamkeit für eine wertgeladene Welt. *Die Souveränität des Guten* macht die Moral wieder zu einer ernstzunehmenden, schwierigen Aufgabe. Die folgenden Abschnitte sollen dabei helfen, Murdochs philosophischen Klassiker einzuordnen, Einflüsse nachzuvollziehen und die Aktualität des Werks sichtbar zu machen.

1. Leben und Werk

Iris Murdoch war vielseitig interessiert, voller Energie und stets unkonventionell – im Privaten wie Beruflichen. Sie führte Freundschafen so intensiv, dass nicht wenige daran zerbrachen, verfiel manchen Liebhabern so sehr, dass sie als verzaubernde Manipulierer in ihren Romanen wieder auftauchten, und liebte Essen aus Konservendosen und billigen Wein.[1] Als Philosophin lebte sie ri-

1 Meine biographische Darstellung beruht primär auf Peter Conradis *Iris Murdoch: A Life*, London 2001, und Frances Whites *Becoming Iris Murdoch*, London 2014.

gorose Ehrlichkeit und Demut, scheute sich nicht vor dem Umgang mit fremden und unpopulären Denkansätzen und ließ nie ab von der Frage, wie wir zu besseren Menschen werden können. Im Wechselspiel mit dem ordnungssuchenden Philosophieren widmete sie sich dem Schreiben von Romanen über die ordnungslose Realität. Sie veröffentlichte vier philosophische Bücher, zahlreiche Aufsätze, 26 Romane, sechs Theaterstücke und einen Gedichtband und erhielt den Booker Prize für *Das Meer, das Meer*. Trotz akademischer Anerkennung hatte sie in der angelsächsischen Philosophie lange einen Platz im Hintergrund inne. Es ist überfällig, dass sie stärker in den Vordergrund gerückt wird.

Iris Murdochs Kindheit war glücklich und unaufgeregt. Geboren wurde sie am 15. Juli 1919 in Dublin, doch ihre Familie zog schon bald nach London, wo Murdochs Vater eine Stelle im Gesundheitsministerium innehatte. Die letzten sechs Jahre ihrer Schullaufbahn verbrachte sie am privaten Mädcheninternat Badminton School in Bristol, das sie aufgrund eines Stipendiums besuchen konnte. Inspiriert und gefördert von ihrer sozialistisch-feministischen Rektorin, zeichnete sich Murdoch bereits hier durch wortgewaltige Schriftstücke politischer und literarischer Natur aus. 1938 bestand sie die Aufnahmeprüfung in Oxford und begann am Somerville College ihr Studium der *Classics*, einer Kombination aus Altphilologie und antiker Philosophie, das sie 1942 mit Bestnoten abschloss.

Ihre Jahre am Somerville College waren geprägt durch den Kriegsbeginn. Kommilitonen meldeten sich freiwillig zum Dienst an der Waffe, Heizung und Essen wurden stark rationiert und die übrig gebliebenen Lehrenden waren zum Großteil aus Europa geflüchtete Professoren und pazifistische Kriegsdienstverweigerer. Letzteres führte dazu, dass sich Murdochs philosophische Ausbildung im Kern weniger an der populären und mächtigen Position des Logischen Positivismus orientierte, sondern an metaphysischen Grundfragen: Wie und wo ordnet sich das menschliche Leben in ein größeres Ganzes ein, was sind wir, wie werden wir besser?

Iris Murdoch lernte in dieser Zeit drei Frauen kennen, mit denen sie in enger Freundschaft verbunden bleiben würde und die zu philosophischen Mitstreiterinnen werden sollten: Mary Midgley, Philippa Foot und Elizabeth Anscombe. Dass alle vier es schafften, zu anerkannten und einflussreichen Philosophinnen zu werden, führte

Mary Midgley 2013 in einem Zeitungsartikel[2] auf die Tatsache zurück, dass sie das Philosophieren in Abwesenheit junger Männer, die nur auf das Gewinnen von Debatten aus waren, erlernten. Doch nicht nur wurden alle vier Frauen erfolgreiche Philosophinnen, sie trugen auch gemeinsam dazu bei, dass der moralphilosophische Mainstream hinterfragt und die bis dahin in Vergessenheit geratene Tugendethik sich wieder als ernstzunehmende Alternative zum Utilitarismus und der kantischen Ethik etablierte. Die Werke der vier Frauen schlagen zwar unterschiedliche Richtungen ein, gehen aber von einem gemeinsamen, zentralen Ausgangspunkt aus: der antiszientistischen Ablehnung einer grundsätzlichen Dichotomie zwischen Fakten und Werten. Unsere Welt kann nicht vollständig von der Naturwissenschaft erfasst werden. Es gibt Dinge wie Grausamkeit, Mut und Herzlichkeit, und es ist die Aufgabe der Moralphilosophie, sie zu untersuchen.[3]

Nach ihrem Studium arbeitete Murdoch für einige Zeit für das Finanzministerium, bevor sie von 1944 bis 1946 in die Dienste der Nothilfe- und Wiederaufbauverwaltung der Vereinten Nationen (UNRRA) wechselte. Die UNRRA kümmerte sich in erster Linie um die Verteilung und Repatriierung von Vertriebenen. Geleitet von dem Wunsch, dem vom Krieg verursachten Elend zumindest ansatzweise Abhilfe zu verschaffen, arbeitete Murdoch 1945 in Vertriebenenlagern in Innsbruck und Graz – eine Zeit, die tiefen Eindruck hinterließ und in der sie einige lebenslange Freundschaften schloss. Während eines UNRRA-Aufenthalts in Brüssel begegnete sie im November 1945 Jean-Paul Sartre, den sie damals sehr bewunderte. 1947 ging Murdoch nach Cambridge, um dort ihr Postgraduiertenstudium aufzunehmen. Hier traf sie Ludwig Wittgenstein, mit dessen Philosophie sie sich allerdings weniger im Austausch mit ihm selbst als vielmehr in zahlreichen Gesprächen mit ihrer Freundin Elizabeth Anscombe, Wittgensteins Assistentin und später

2 Mary Midgley, »The Golden Age of Female Philosophy«, in: *The Guardian*, 28. November 2013.

3 2022 erschienen zwei Bücher, die dafür argumentieren, dass die Werke der vier Frauen gemeinsam eine einflussreiche philosophische Schule bilden: *Metaphysical Animals. How Four Women Brought Philosophy Back to Life* von Clare Mac Cumhaill und Rachael Wiseman, London, sowie *The Women are Up to Something. How Elizabeth Anscombe, Philippa Foot, Mary Midgley, and Iris Murdoch Revolutionized Ethics* von Benjamin Lipscomb, Oxford.

Nachlassverwalterin und Übersetzerin, intensiv befasste. Mit der Ernennung zum Fellow am St. Anne's College in Oxford begann dann ihre fast zwanzigjährige Laufbahn als Philosophiedozentin.

Noch während ihrer Zeit als Dozentin begann Murdoch mit dem Schreiben von Romanen. Bereits ihr Debütroman *Under the Net* wurde fast durchweg positiv rezensiert und in hohen Auflagen verkauft. Iris Murdoch beteuerte zeit ihres Lebens, keine philosophischen Romane im Stile Sartres oder Camus' zu schreiben, philosophische Themen und philosophisch interessierte und versierte Protagonist:innen durchziehen trotzdem alle ihre Bücher. Murdoch selbst nannte *Under the Net* eine »philosophische Abenteuergeschichte«, und ihr Biograf Peter Conradi betont den Wittgenstein'schen und existentialistischen Charakter zentraler Handlungsstränge.[4] Immer wieder begegnen wir in Murdochs Romanen Figuren, die an Büchern über moralische Fragen arbeiten,[5] Figuren, die nach Vergebung[6] und Sinnhaftigkeit[7] suchen, und Figuren, die in ihrer Einfachheit, Ehrlichkeit und Demut demonstrieren, was einen guten Menschen ausmacht.[8]

Viele ihrer Romane thematisieren Homosexualität: In *The Bell* beispielsweise entsagt der Protagonist, Gründer einer religiösen Laiengemeinde, jeglicher sexueller Aktivität, doch er wird von einer lange zurückliegenden Affäre mit einem minderjährigen Schüler eingeholt. Es endet in einer Katastrophe. In *A Fairly Honourable Defeat* dagegen ist ein schwules Paar das einzige, dessen Partnerschaft – die von Philip Hensher als »eine der überzeugendsten und wärmsten Ehedarstellungen in der englischen Literatur«[9] bezeichnet wird – die Ereignisse des Romans überlebt. Ein ebenfalls immer wieder auftauchendes Thema ist Murdochs Spiel mit uneindeutiger Genderzugehörigkeit: Viele ihrer Protagonistinnen haben männliche Vornamen. Zu welchem Grad Murdoch wirklich eine

4 Conradi, *Iris Murdoch*, S. 384.

5 Beispielsweise Max in *The Unicorn*, Rupert in *A Fairly Honourable Defeat* und Marcus in *Time of the Angels*.

6 Zum Beispiel Edward in *The Good Apprentice* und Hilary in *A Word Child*.

7 Etwa Gerard in *The Book and the Brotherhood* und Dora in *The Bell*.

8 Beispielsweise Tallis in *A Fairly Honourable Defeat* und Arthur in *A Word Child*.

9 Philip Hensher, »Introduction«, in: Iris Murdoch, *A Fairly Honourable Defeat*, Vintage 2001 (1970), S. xv.

Vorreiterin der Gender Studies war, bleibt umstritten.[10] Doch ihre fast beiläufige Nichtbeachtung namentlicher Genderzuschreibung und die portraitierte Normalität nichtheterosexueller Beziehungen wirken manchmal wie eine frühe Vision von Judith Butlers genderfreier Gesellschaft.

Zwar kann man sagen, dass das Schreiben der Romane Murdochs Philosophie für einige Zeit in den Hintergrund rückte, doch völlig verschwunden war sie nie. Nicht nur tauchte sie in eben beschriebener Weise in den Romanen selbst auf, sondern Murdoch widmete sich immer wieder dem Verfassen akademischer Essays und moralphilosophischer Vorträge. Ihr großes Hauptwerk neben *Die Souveränität des Guten*, *Metaphysics as a Guide to Morals*, erschien 1992 und ist das Ergebnis jahrzehntelangen Nachdenkens. Ähnlich wie in *Die Souveränität des Guten* ist auch hier die Bandbreite der diskutieren Positionen immens: »Es gibt Abschnitte über Kunst, Politik und Religion, über Wittgenstein, Derrida und Schopenhauer, über Theorien der Tragödie und Komödie, über buddhistische Philosophie und den ontologischen Gottesbeweis.«[11] Der Erscheinung voraus gingen unter anderem die prestigeträchtigen Gifford Lectures 1981/82 in Edinburgh.

Iris Murdoch war von 1956 bis zu ihrem Tod mit John Bayley, einem Professor für englische Literatur an einem Oxforder College, verheiratet. Die Ehe war eine glückliche, in der beide die Freiräume für ihre Arbeit und die persönliche Fürsorge fanden, die sie brauchten. Auch schien Bayley Murdochs häufige Affären mit Männern und Frauen zu tolerieren, ohne dass dies der Nähe und dem Vertrauen in ihrer Beziehung Schaden zufügte. Murdoch und Bayley hatten keine Kinder. 1997 wurde bei Iris Murdoch Alzheimer diagnostiziert, woran sie am 8. Februar 1999 starb.

10 Sabina Lovibond diskutiert diverse Widersprüchlichkeiten diesbezüglich in *Iris Murdoch, Gender and Philosophy*, Routledge 2011.

11 Mark Hopwood, »How to read Metaphysics as a Guide to Morals«, in: ders. und Silvia Caprioglio Panizza, *The Murdochian Mind*, Abingdon 2022, S. 81, meine Übersetzung.

2. Falsche Weltbilder

Iris Murdoch verfolgt zwei große Ziele in *Die Souveränität des Guten*: Zum einen möchte sie demonstrieren, mal argumentativ, mal karikierend, dass sich die großen moralphilosophischen Positionen ihrer Zeit zu einem äußerst unzulänglichen Gesamtbild zusammenfügen. Weder der Welt noch dem moralischen Menschen in der Welt wird hier Genüge getan. Zum anderen möchte sie in die Richtung deuten, in der es vielversprechender ist, nach wahrhaften Bildern zu suchen, und mit der Skizzierung eines solchen Bildes beginnen. Hier soll zunächst das erste Anliegen dargestellt werden, im nächsten Abschnitt dann das zweite.

Kurz bevor Iris Murdoch ihr Studium aufnahm, stieg A. J. Ayer in Oxford zum Star auf. Mit gerade einmal 26 Jahren veröffentlichte er 1936 *Language, Truth and Logic* – ein Werk, das die angelsächsische Philosophie über Jahrzehnte prägte. Ayer war überzeugt von der Grundidee des Logischen Positivismus: Aussagen über die Welt sind nur dann bedeutungsvoll, wenn sie entweder durch Beobachtungen verifiziert werden können oder analytisch wahr sind. Disziplinen wie die Metaphysik, die sich weder mit beobachtbaren Tatsachen noch mit logisch-mathematischen Notwendigkeiten befassen, können nicht wahr oder falsch sein – weshalb man am besten aufhören sollte, sie zu betreiben. In seinem Buch wand Ayer diese Annahmen unter anderem auf die Moralphilosophie an. Er argumentierte, dass moralische Streitgespräche so lange sinnvoll geführt werden können, bis man sich über die zugrundeliegende Faktenlage einig ist. Darüber hinaus seien moralische Aussagen streng genommen keine Aussagen, sondern bloße Gefühlsausdrücke. »Wenn ich […] zu jemandem sage ›Du tatest Unrecht, als du das Geld stahlst‹, dann sage ich nicht mehr aus, als ob ich einfach gesagt hätte, ›Du stahlst das Geld‹. Indem ich hinzufüge, daß diese [Tat] unrecht war, mache ich über sie keine weitere Aussage. Es ist so, als ob ich ›Du stahlst das Geld‹ in einem besonderen Tonfall des Entsetzens gesagt oder unter Hinzufügung einiger besonderer Ausrufezeichen geschrieben hätte. Der Tonfall oder die Ausrufezeichen fügen der Bedeutung des Satzes nichts hinzu. Sie dienen nur dem Hinweis, daß sein Ausdruck von gewissen Gefühlen des Sprechers begleitet wird.«[12]

12 Alfred Jules Ayer, *Sprache, Wahrheit und Logik*, übersetzt von Herbert Herring, Stuttgart 1970 (1936), S. 141.

In Ayers Worten kommt die bis heute weit verbreitete Grundannahme des Logischen Positivismus zum Vorschein: Die beobachtbare Welt ist eine wertfreie und in ihrer Gänze von den neutralen Naturwissenschaften beschreibbar. Unser Reden und Denken über falsche Verhaltensweisen, gute Taten, freundliche Menschen ist nicht darauf ausgerichtet, tatsächlich etwas über die Beschaffenheit dieser Verhaltensweisen, Taten und Menschen zu konstatieren – wir drücken auf diese Weise lediglich Gefühle oder Empfehlungen aus. Zwischen Werten und Fakten besteht eine Dichotomie. Zwar tut Murdoch Ayers Position in *Die Souveränität des Guten* als »kindisch«[13] ab, doch nimmt sie R. M. Hare, der Ayers Gedanken auf ebenfalls äußerst einflussreiche Weise weiterentwickelte, durchaus ernst. Hare, dessen Thesen mit der Zeit in den Fokus von Murdoch, Foot, Midgley und Anscombe rückten,[14] betrachtet moralische Äußerungen als Präskriptionen, als Vorschriften. Die Welt ist in der Tat wertfrei, doch wenn ich sage, dass Stehlen falsch ist, so tue ich damit kund, dass ich die Regel, dass man nicht stehlen soll, grundsätzlich für mich akzeptiere und es empfehle, dass andere sich auch an sie halten. Zwar kommt hiermit der Moralsprache eine etwas seriösere Funktion zu als bei Ayer, doch das Grundproblem bleibt dasselbe: Es gibt keine Tatsachen im Bereich der Werte. Es gibt lediglich Empfehlungen, die mehr oder weniger konsistent sein können.

Das zweite große Lager neben Ayer und Hare, gegen das sich Murdoch in *Die Souveränität des Guten* wendet und das sie auf so interessante Weise mit dem ersten Lager zusammendenkt, ist das des Existentialismus. In der unmittelbaren Nachkriegszeit war Murdoch sehr fasziniert von den radikalen, befreienden und ermächtigenden Grundthesen Sartres. In ihrem ersten veröffentlichten Buch *Sartre: Romatic Rationalist* – übrigens auch die erste Monographie über Sartre in englischer Sprache – beschreibt sie die damalige Stimmung so: »Der Krieg war zu Ende, Europa lag in Trümmern, wir waren langjähriger Gefangenschaft entkommen, alles musste wieder aufgebaut werden. Sartres Philosophie war eine Inspiration für all diejenigen, die fühlten, dass sie aus all dem Elend und Chaos eine bessere Welt machen mussten und konnten, denn nun war klar geworden, dass alles möglich war. Der Existen-

13 In diesem Band, S. 64.

14 Mac Cumhaill und Wiseman, *Metaphysical Animals*, S. 183 ff.

tialismus war die neue Religion, der neue Heilsbringer.«[15] Sartres griffiges Bild des Menschen als Wesen, »bei dem die Existenz der Essenz vorausgeht«,[16] konstatiert, dass unser Dasein in der Welt, unsere Existenz, das Gegebene ist. Nicht gegeben, nicht determiniert oder vorgezeichnet ist das, was wir aus unserer Existenz machen. Murdoch stimmt Sartres Ablehnung des Determinismus zu, ebenso bleibt sie fasziniert von seiner Idee, Philosophie und Kunst, im Besonderen Literatur, engzuführen. Mit der Zeit immer skeptischer aber steht sie der schieren Absolutheit der Freiheit und Verantwortung gegenüber, die der Existentialismus uns zuschreibt. Die Überhöhung des Selbst als Schöpfer des eigenen Werdegangs, als Allverantwortliches, als dasjenige, das allein von Wichtigkeit ist, sieht Murdoch nicht nur als moralisch gefährlich, sondern auch als völlig verfehlt an.

Dieses Bild der wertfreien Wirklichkeit sowie der absoluten Freiheit und Verantwortung des Selbst ergänzt Murdoch in *Die Souveränität des Guten* um einen weiteren Aspekt: den Fokus auf öffentlich Beobachtbares. Der Behaviorismus, damals in der Philosophie vor allem vertreten von Gilbert Ryle, vertritt die Ansicht, dass nur öffentlich beobachtbare Abläufe zur Analyse des Mentalen verwendet werden sollten. Ob so etwas wie eine Entscheidung getroffen wurde, erkennen wir an einer öffentlichen Aussage, gefolgt von typischen Bewegungen im öffentlichen Raum; genauso ist beispielsweise das Gefühl der Eifersucht identifizierbar anhand bestimmter zusammen auftretender Ausdrucks- und Verhaltensweisen. Introspektion, der Versuch, in das eigene Innere zu blicken und privat Erlebtes zu beschreiben, ist diffus und unnötig. Zwar distanziert sich Ryle in seinem Klassiker *Der Begriff des Geistes* vom frühen psychologischen Behaviorismus, der sich seiner Ansicht nach auf eine völlige Leugnung des Inneren oder aber auf eine cartesisch-dualistische Deutung von inneren und äußeren Abläufen festlegen muss, doch lobt er, »daß die Anwendung der von ihnen empfohlenen Methode, charakteristisch menschliches Verhalten zu beschreiben, den Psychologen sehr schnell klarmachte, wie schattenhaft die angeblichen Geschehnisse des ›Innenlebens‹ sind, wegen deren Vernach-

15 Iris Murdoch, *Sartre. Romantic Rationalist*, London 1999 (1953), S. 9 f., meine Übersetzung.

16 Jean-Paul Sartre, »Ist der Existentialismus ein Humanismus?«, in: ders., *Drei Essays*, Zürich 1975 (1947), S. 11.

lässigung den Behavioristen im Anfang Vorwürfe gemacht wurden. Psychologische Theorien, die Mitteilungen der ›inneren Wahrnehmung‹ nicht erwähnten, wurden anfänglich einem ›Hamlet‹ ohne den Prinzen von Dänemark verglichen. Aber der verdrängte Held erschien bald als ein so blut- und rückgratloses Wesen, daß sogar die Anhänger dieser Theorien sich zu scheuen begannen, schwere theoretische Lasten auf seine schemenhaften Schultern zu legen.«[17] Murdoch hingegen scheut sich nicht, dergleichen zu tun.

Ihren personifizierten Kontrahenten findet Murdoch dann in Stuart Hampshire, der ihrer Ansicht nach die drei angesprochenen Elemente – szientistische Auffassung einer wertneutralen Welt (Ayer und Hare), totale Freiheit in der gegebenen Situation (Sartre) und Irrelevanz innerer Vorgänge bei der Analyse von Mentalem (Ryle) – in seinem Werk vereint und um ein großes Vertrauen in die Psychoanalyse ergänzt. Ob dies seitens Murdoch eine faire Charakterisierung der Position Hampshires ist, soll hier nicht beurteilt werden. In jedem Fall scheint sie mit dem Fokus auf Hampshire »ihren Kampf in das Herz des Mainstreams der Philosophie des Geistes ihrer Zeit« getragen und sich einen Gegner ausgesucht zu haben, der subtiler, »vernünftiger und liberaler«[18] war als viele andere, möglicherweise leichter angreifbarere Zeitgenoss:innen. In ihrer Diskussion der Thesen Hampshires bringt Murdoch wortwörtlich auf den Punkt, woran die ganze »existentialistisch-behavioristische Position« krankt: »Die Persönlichkeit schrumpft zusammen auf einen Punkt puren Willens.« An anderer Stelle beschwert sie sich, dass der Akteur »dünn wie eine Nadel« wird.[19] Was meint sie damit? Sie moniert, dass das einzig moralisch Interessante an einem handelnden Menschen sein Wille sein soll, der quasi blinden Auges wahllos Entscheidungen trifft, die wiederum die Werte in unserer Welt konstituieren sollen. Der Akteur ist deshalb punkt- oder nadelgleich, weil er im Idealfall seine Hauptarbeit *im Unpersönlichen* verrichtet: Er denkt logisch, rational und macht keine Fehler bei der Feststellung von Tatsachen. *Persönlich* bleibt dem Akteur nach der »existentialistisch-behavioristischen Position« kaum etwas zu tun: Er springt zu

17 Gilbert Ryle, *Der Begriff des Geistes*, übersetzt von Kurt Baier, Stuttgart 1969 (1949), S. 450.

18 Justin Broackes, »How to read The Sovereignty of Good«, in: Mark Hopwood und Caprioglio Panizza, *The Murdochian Mind*, S. 42, meine Übersetzung.

19 In diesem Band, S. 31 und S. 69.

einer öffentlich sichtbaren Entscheidung. Es gibt nichts in der Welt, das seine Entscheidung leiten könnte, keine normative Autorität, keine Maßstäbe jenseits der prudentiellen Rationalität. Und es gibt nichts in ihm selbst, keine Charakterzüge, keine Sichtweisen, an denen er arbeiten könnte. Die »existentialistisch-behavioristische Position« muss zwar nicht leugnen, dass moralisch Handelnde sich Gedanken machen, die sich nicht unmittelbar in Verhalten niederschlagen, die sozusagen im Inneren bleiben. Doch die genetische Begriffsanalyse, der sich Murdoch zufolge die »existentialistisch-behavioristische Position« verschrieben hat, kann mit rein Innerem nichts anfangen. Sie kann nur solche Begriffe analysieren, deren Verwendung öffentlich beobachtbaren Mustern folgt. Geistige Abläufe, die sich nicht in Verhalten niederschlagen, mögen tatsächlich existieren, doch sie sind schattenhaft und irrelevant.

Dass ein so charakterisierter Wille völlig orientierungslos ist und jegliche moralische Einschätzung, die über Konsistenzfragen hinausgeht, unmöglich wird, bildet einen von Murdochs zentralen Kritikpunkten. Auch verfehlt die »existentialistisch-behavioristische Position« völlig unsere erlebte Realität, in der sich moralisch lobenswerte Verhaltensweisen und die Entscheidungen hierfür fast nie als öffentlich sichtbare Sprünge darstellen, sondern meist als natürliche Verlängerung, als automatische Folge von im Inneren gewachsener und im Idealfall im Diskurs erweiterter Sichtweisen. Iris Murdochs Hauptanliegen im ersten Aufsatz »Die Idee der Vollkommenheit« ist es demnach, zu zeigen, dass rein geistige Abläufe keinesfalls grundsätzlich moralisch irrelevant sind. Ihr vielzitiertes Beispiel der Schwiegermutter M, die ihrer Schwiegertochter S gerecht werden will, dient zur Illustration der moralischen Wichtigkeit der rein inneren Arbeit an der eigenen Sichtweise. Die beiden folgenden Aufsätze, »Über ›Gott‹ und ›Gut‹« und »Die Souveränität des Guten über andere Begriffe« suchen dann nach Techniken, die uns bei dieser inneren Arbeit behilflich sein können.

3. Einflüsse und Murdochs Gegenbild

Die größte Inspiration für die Zeichnung ihres Gegenbildes vom moralischen Menschen fand Iris Murdoch bei Simone Weil und durch die Lektüre Weils bei Platon. Weil war eine außergewöhnliche, intensive Philosophin. In ihren Notizbüchern, den *Cahiers*, schrieb sie während der ersten Kriegsjahre Gedanken nieder, die davon handelten, wie wir Gott begegnen können, wie wir uns frei von allem Selbstbezogenen machen, welche Rolle das Leid spielt und wie wir es ertragen sollen. Dabei durchdachte Weil Grundideen Platons, bezog sich auf große Schriftsteller wie Shakespeare und Racine, die Bibel, aber auch auf christliche Mystiker und die Bhagavad Gita. Es war Weils Intensität des Fragens und Suchens, ihre rigorose Ehrlichkeit mit sich selbst und die Offenheit für jegliche Ansätze, die sich ernsthaft den erwähnten Themen widmen, die Iris Murdoch in ihrer Rezension der *Cahiers* 1956 schreiben ließen: »Wenn man Weil liest, wird man daran erinnert, was es heißt, Standards zu haben.«[20]

Doch nicht nur die Art des Philosophierens, auch der Inhalt beeindruckte Murdoch sehr. Murdochs große moralische Idee, die der Aufmerksamkeit, der *attention*, stammt von Weil. Bei Weil geht die Wichtigkeit der Aufmerksamkeit allerdings primär auf spirituelle Gründe zurück. Weil glaubt, dass Gottes Akt der Schöpfung ein Akt der Aufgabe, des Verzichts war. Mit der Schöpfung hörte er auf, alles zu sein. Es ist unsere spirituelle Aufgabe, so Weil, eine Wiedervereinigung mit Gott zu ermöglichen, und dies gelingt nur, wenn wir seine Entsagung spiegeln: Wir müssen unser Selbst entäußern, eine *décréation* initiieren. Der Aufmerksamkeit kommt nun eine Schlüsselrolle bei dieser Selbstentäußerung zu: Wir können üben und immer besser darin werden, unserem Selbst zu entsagen, indem wir uns auf Dinge außerhalb unseres Selbsts fokussieren. Weil beschreibt dies so: »Die Aufmerksamkeit besteht darin, das Denken auszusetzen, den Geist verfügbar, leer und für den Gegenstand offen zu halten, die verschiedenen bereits erworbenen Kenntnisse, die man zu benutzen genötigt ist, in sich dem Geist zwar nahe und erreichbar, doch auf einer tieferen Stufe zu erhalten, ohne daß

20 »To read her is to be reminded of a standard.« Iris Murdoch, *Existentialists and Mystics*, herausgegeben von Peter Conradi, London 1999 (1997), S. 173, meine Übersetzung.

sie ihn berührten. Der Geist soll hinsichtlich aller besonderen und schon ausgeformten Gedanken einem Menschen auf einem Berge gleichen, der vor sich hinblickt und gleichzeitig unter sich, doch ohne hinzublicken, viele Wälder und Ebenen bemerkt. Und vor allem soll der Geist leer sein, wartend, nichts suchend, aber bereit, den Gegenstand, der in ihn eingehen wird, in seiner nackten Wahrheit aufzunehmen.«[21]

Was Weil hier beschreibt, ist ein Versetzen unseres Geistes in einen schauenden Zustand, der zwar Gelerntes in der Nähe duldet, es aber nicht beim Versuch, das Neue zu verstehen, direkt hinzuzieht. Wir sollen nicht zu eifrig verstehen wollen. Stattdessen sollen wir warten, uns unseres Selbsts entleeren und einen Raum schaffen, in den wir das Neue aufnehmen können. Murdoch beschreibt ganz Ähnliches, wenn sie über das Erlernen einer Fremdsprache spricht: »Wenn ich beispielsweise Russisch lerne, dann sehe ich mich einer Struktur gegenüber, die Autorität besitzt und mir Respekt abverlangt. Die Aufgabe ist schwierig, das Ziel in weiter Ferne und möglicherweise nie ganz erreichbar. Meine Arbeit ist eine zunehmende Enthüllung von etwas, das unabhängig von mir existiert. Aufmerksamkeit wird mit einer Erkenntnis der Wirklichkeit belohnt. Liebe zur russischen Sprache führt mich aus mir heraus, hin zu etwas mir Fremden, etwas, das mein Bewusstsein nicht annektieren, sich einverleiben, leugnen oder unwirklich machen kann.«[22] Wenn er Neuem gegenübersteht, ist unser Geist meist sofort bereit, es sich zurechtzulegen, es sich passend zu machen – erst recht, wenn es nicht gleich passen will. Genau diesem Drang sollen wir widerstehen und der Realität des anderen Respekt zollen, seine Autorität anerkennen. Hierfür müssen wir in erster Instanz unseren Geist, wie von Weil beschrieben, entleeren. Im Fall des Russischlernens heißt das, dass wir grammatikalische Strukturen anderer, uns bereits bekannter Sprachen im Hintergrund lassen müssen, dass wir beim Bauen von Eselsbrücken Vorsicht walten lassen und sie im Idealfall baldmöglichst wieder einreißen und dass wir aufpassen, Ausdrücke beim Übersetzen nicht zu zementieren und damit ihrer Assoziationsvielfalt zu berauben. Nur dann hat der Gegenstand eine Chance, »in seiner Wahrheit« von uns aufgenommen zu werden.

21 Simone Weil, *Das Unglück und die Gottesliebe*, übersetzt von Friedhelm Kemp, München 1953 (1950), S. 103 f.

22 In diesem Band, S. 105.

Auch findet Murdoch bei Weil die Engführung von Moral und Kunst, die ihr selbst so wichtig ist. Weil sinniert immer wieder über literarische Meisterwerke und darüber, was sie so wertvoll macht und wie wir von ihnen lernen. Sie bringt eine Einsicht auf den Punkt, an der Murdoch stets festhält und die sie in verschiedenen Aufsätzen auszuarbeiten sucht: Große Kunst sieht Aspekte der Wirklichkeit. Große Künstler:innen können unseren Blick führen und auch uns diese Aspekte der Wirklichkeit sehen lassen. In dieser Hinsicht ist große Kunst zutiefst moralisch. »Der Dichter bringt das Schöne dadurch hervor, dass er die Aufmerksamkeit auf Wirkliches gerichtet hält. Ebenso verhält es sich mit dem Akt der Liebe. Zu wissen, dass dieser Mensch, der hungert und dürstet, in Wahrheit genauso existiert wie ich – das genügt, das Weitere folgt von selbst.«[23] Diese Sätze stammen von Weil, doch sie könnten genauso von Murdoch formuliert sein.

Entselbsten, Aufmerksamkeit und die damit verbundene Wirklichkeitserkennung sind Schlüsselelemente, die Murdoch von Weil übernimmt. Im Gegensatz zu Weil versucht Murdoch aber, ihre Wichtigkeit ohne Gottesbezug zu erläutern. Sie war zwar an Religion, Kirche und Theologie stets interessiert, zitiert auch in *Die Souveränität des Guten* immer wieder aus der Bibel und macht Priester, Prediger und Nonnen häufig zu Protagonist:innen ihrer Romane, doch Iris Murdoch ist keine christliche Philosophin. Ihr moralisches Projekt ist vielmehr, wenn man so will, der Versuch einer Säkularisierung von Weils Philosophie. Sie geht dies an, indem sie Weils platonischen Grundgedanken der Erkenntnis im Licht des Guten, der Erkenntnis durch Liebe, zu ihrem eigenen Grundgedanken macht. Sie findet in diesem Grundgedanken die Eckpfeiler einer richtiggeleiteten Moralphilosophie, die sie bei ihren philosophischen Zeitgenoss:innen so schmerzlich vermisst: eine Orientierung an normativen Tatsachen, eine Strategie zur Bekämpfung selbstsüchtiger Verzerrungen der Realität und eine klare Richtung, einen klaren Standard für die moralische Verbesserung des Einzelnen. Moral ist für Murdoch eine Lebensaufgabe, mit der wir nie ganz fertig werden. Die Aufgabe besteht darin, Dinge und Menschen zu sehen, wie sie wirklich sind. Das kann nur mit einem

23 Simone Weil, *Schwerkraft und Gnade*, übersetzt von Friedhelm Kemp, herausgegeben von Charlotte Bohn, Berlin, 2021 (1948), S. 131.

liebenden, gerechten Blick gelingen. Wenn wir es in einer bestimmten Situation geschafft haben, diesen Blick einzunehmen, bleibt den rein kognitiven Vermögen und unserem Willen meist nichts mehr zu tun. Wenn wir richtig, wenn wir liebend sehen, ist nicht nur meist klar, was zu tun ist, wir bedürfen auch keiner weiteren Motivation, um es anzugehen. Die moralische Schwierigkeit besteht im Einnehmen dieses Blicks und im Aushalten dieses Blicks.

Wie können wir diese Schwierigkeit meistern? Iris Murdoch sucht nach Techniken, mit denen wir Demut, Selbstzurücknahme und Refokussierung so einüben können, dass sie zur zweiten Natur werden. Sie findet sie in gebetsähnlicher Zuwendung und dem erwähnten Sich-führen-Lassen von großer Kunst. In »Über ›Gott‹ und ›Gut‹« spielt Murdoch durch, wie wir uns die auf etwas Transzendentes fokussierte Praxis des Gebets vorstellen können, wenn wir statt von Gott vom Guten als diesem Transzendenten ausgehen. Vieles bleibt notwendigerweise mysteriös, doch sieht Murdoch dies nicht unbedingt als Problem. Wie in Platons Höhlengleichnis ist das Gute, die Sonne, zwar als Idee der Vollkommenheit erahnbar, für die meisten von uns aber nicht erblickbar. Leichter und zielführender ist es, wenn wir uns zunächst darauf konzentrieren, dem Feuer in der Höhle – in Murdochs Interpretation das Selbst – mit seinem falschen Licht zu entkommen und draußen, im Licht des Guten, die Dinge in ihrer wahren Beschaffenheit zu sehen. Dabei helfen kann uns die Praxis selbstverlorener Konzentration auf gute Gegenstände wie die faszinierende Komplexität der Natur oder tugendhafte Menschen. Ebenso dabei helfen können uns das Schaffen und Konsumieren großer Kunst. In »Die Souveränität des Guten über andere Begriffe« erörtert Murdoch, wie große Kunst die Möglichkeit bietet, uns vom Blick der Künstler:innen führen zu lassen, mit ihren Augen ein Stück Realität zu sehen und uns durch Liebe zum Schönen, die uns naturgemäß leichtfällt, im selbstlosen Lieben zu üben. Auch führen uns große Künstler:innen vor, wie wir unsere Vorstellungskraft benutzen können, um uns bestimmten Aspekten der Realität zu nähern. Wir brauchen unsere Vorstellungskraft, um uns die Realität begreiflich machen zu können, genauso wie wir den Austausch mit anderen Menschen brauchen, um mit unseren Begrifflichkeiten immer näher an die eigentlichen Phänomene zu kommen. Wir brauchen kluge Metaphern, passende Bilder, einfühlsame Lyrik. Was wir nicht brauchen, sind Luftschlösser, Einbildung, Fantasterei. In Murdochs Sprachgebrauch ist Fantasie in etwa das Gegenteil von Imagination: Während Letztere vonnöten ist, um die Realität begreifbar zu machen, verzerrt Erstere die Realität und macht sie unbegreifbar. Bei Murdoch ist Fantasie das, was bei Platon die Schattenbilder in der Höhle sind: Bequem anzuschauen, doch sie entsprechen nicht der Wirklichkeit. Die Entwicklung einer kompetenten Vorstellungskraft bei gleichzeitiger Verhinderung von Fantasiegebilden ist für Murdoch Teil der großen Aufgabe, die die Moral an uns stellt.

4. Rezeption und Aktualität

Die Souveränität des Guten wurde durchaus positiv aufgenommen: Rezensenten merkten zwar die Vagheit und schwere Fassbarkeit von Murdochs platonischen Ideen an, doch attestierten sie dem Werk »eine scheinbare Mühelosigkeit in seiner Durchdringung analytischer Schemata und seiner Hinführung zu vielversprechenderer metaphysischer Spekulation«,[24] lobten als »eines der großen Verdienste der Argumentation von Fräulein Murdoch, dass der Leser dazu gebracht wird, sich zu wundern, wie eine so verzerrte und einseitige Sicht auf die menschliche Natur jemals so schnell und weithin akzeptiert werden konnte«,[25] merkten an, dass »sowohl Stil und Inhalt der Essays den starken Eindruck vermitteln, dass Fräulein Murdoch ein feines Gespür für die Komplexität, Zerbrechlichkeit und Ambiguität genuiner moralischer Situationen hat – und für die unterschiedlichen Weisen, auf die es ein Großteil der Moralphilosophie des zwanzigsten Jahrhunderts versäumt hat, der Konsistenz und Textur unseres moralischen Lebens gerecht zu werden«,[26] und nannten es »eines der interessantesten Ethikbücher, das seit vielen Jahren erschienen ist«.[27] Im Mainstream der akademischen Phi-

24 Chris Moffat, »Philosophical Soul: Review of The Sovereignty of Good«, in: *Fortnight*, Bd. 15, 1971, S. 19, meine Übersetzung.

25 Colin Gunton, »Review of The Sovereignty of Good«, in: *Religious Studies*, Vol. 8, Bd. 3, 1972, S. 180, meine Übersetzung.

26 R. J. B., »Review of The Sovereignty of Good«, in: *The Review of Metaphysics*, Vol. 25, Bd. 1, 1972, S. 133, meine Übersetzung.

27 H. O. Mounce, »Review of The Sovereignty of Good«, in: *Philosophy*, Vol. 47, Bd. 180, 1972, S. 179, meine Übersetzung.

losophie kam *Die Souveränität des Guten* dennoch nur punktuell an. Philosophen wie Charles Taylor, Bernard Williams und John McDowell waren von Murdochs Thesen inspiriert und entwickelten sie weiter, ohne dabei allerdings konsequent die Quelle ihrer Inspiration zu zitieren oder sich in Büchern und Aufsätzen ausgiebiger mit ihrem Werk zu befassen. So wird Bernard Williams heute gemeinhin die Idee der Unterscheidung von »dichten und dünnen Begriffen« *(thick and thin concepts)* zugeschrieben, die Murdoch in *Die Souveränität des Guten* viele Jahre früher als primäre und sekundäre Wertbegriffe einführt und beschreibt. John McDowell war in den letzten dreißig Jahren der anerkannteste Kritiker einer szientistischen, verarmten, auf falsche Weise entmystifizierten Weltsicht, ohne dass transparent wurde, dass seine Argumente vielfach bei Murdoch ihren Ursprung haben.[28] So beruft sich dann auch die gegenwärtig einflussreiche Position des Partikularismus, die für eine differenzierte Sicht auf Situationen und gegen universelle Prinzipienanwendungen in der Ethik argumentiert, gern und oft auf McDowell, nur äußerst selten aber auf dessen Inspirationsquelle, Iris Murdoch.[29]

Möglicherweise ist ein weiterer Grund, warum das Echo von *Die Souveränität des Gute*n in der akademischen Philosophie verhalten ausfiel, dass Murdoch einige Jahre vor der Veröffentlichung ihre Stelle als Dozentin in Oxford aufgab und sich vermehrt dem Schreiben von Romanen widmete. Sie war in der akademischen Welt nicht mehr präsent genug, um ihre Thesen weiterzuentwickeln und zu verteidigen. Während die tugendethischen Ansätze ihrer Freundin Philippa Foot und die handlungstheoretischen Überlegungen von Elizabeth Anscombe salonfähig und intensiv diskutiert wurden, stiegen platonische Ideen in der Moralphilosophie zu bloßen Lächerlichkeiten und Argumentationsstoppern ab. Wenn gezeigt werden kann, dass eine Prämisse auf platonischen Grundannahmen fußt, dann ist es noch heute in der analytischen Moralphilosophie gang und gäbe, dass mehr nicht gesagt werden muss – das Argu-

28 John McDowell bewunderte *The Sovereignty of Good* sehr und erklärte, dass es einen tiefen Einfluss auf sein Denken hatte und er es immer wieder las. Konkrete Verweise auf Murdochs Werk gibt es in seinen Aufsätzen aber nur drei (Justin Broackes, »Introduction«, in: Justin Broackes (Hg.), *Iris Murdoch, Philosopher*, Oxford 2012, S. 11, 18).

29 Vgl. ebd., S. 18, Fn. 46.

ment gilt als ad absurdum geführt. Iris Murdoch arbeitete ihre Gedanken über Aufmerksamkeit und Erkenntnis im Lichte des Guten zwar stetig weiter aus, publizierte nach *Die Souveränität des Guten* noch die Abhandlung *Fire and Sun: Why Plato banished the Artists* (1977), zwei platonisch inspirierte Dialoge[30] und 1992 schließlich ihr zweites Hauptwerk *Metaphysics as a Guide to Morals*, doch bis in die späten 1990er Jahre gab es nur sehr wenig Sekundärliteratur zu ihrer Philosophie. Seither sind jedoch zahlreiche Monographien,[31] zwei große Anthologien,[32] zwei philosophische Biographien[33] sowie dutzende Aufsätze erschienen, die sich mit Murdochs philosophischem Werk auseinandersetzen. Zwar sind Existentialismus, Ayers Emotivismus und Hares Präskriptivismus nicht mehr im Zentrum aktueller Debatten, doch ihre Nachwirkungen sind deutlich spürbar. Szientismus ist in der Metaethik nach wie vor weit verbreitet und wird in vielen interdisziplinären Kooperationen, beispielsweise zwischen Philosophie und Neurowissenschaften, unhinterfragt zementiert. Ein Großteil der analytischen Moralphilosophie kreist noch immer primär um Rationalität und Gründe, um das Generieren von Werten und um Hume'sche Moralpsychologie. Zu den meistdiskutierten Ansätzen in der kantischen Ethik gehören der Konstruktivismus und der Konstitutivismus, die genau zu fassen suchen, wie die Schöpfung von Werten seitens des wohlinformierten, logisch und rational denkenden Akteurs im Idealfall vonstattengeht. Die Annahme, dass die Welt wertfrei ist und Werte, wenn überhaupt, auf irgendeine Weise von uns auf sie projiziert werden, ist seit vielen Jahren die Defaultannahme nahezu aller Studierenden, wenn sie mit dem Philosophiestudium beginnen.

30 Iris Murdoch, *Acastos: Two Platonic Dialogues*, London 1986.

31 Als Auswahl seien hier genannt: Hannah Marije Altorf, *Iris Murdoch and the Art of Imagining*, New York 2008; Maria Antonaccio, *Picturing the Human: The Moral Thought of Iris Murdoch*, Oxford 2000, und dies., *A Philosophy to Live By: Engaging Iris Murdoch*, Oxford 2012; Lawrence Blum, *Moral Perception and Particularity*, Cambridge 1994; Niklas Forsberg, *Language Lost and Found: On Iris Murdoch and the Limits of Philosophical Discourse*, New York 2013; Silvia Caprioglio Panizza, *The Ethics of Attention: Engaging the Real with Iris Murdoch and Simone Weil*, Abingdon 2022; Lovibond, *Iris Murdoch, Gender, and Philosophy*.

32 Broackes (Hg.), *Iris Murdoch, Philosopher*, und Hopwood und Caprioglio Panizza (Hg.), *The Murdochian Mind*.

33 Mac Cumhaill und Wiseman, *Metaphysical Animals*, und Lipscomb, *The Women are Up to Something*.

Eine neue Lektüre von Murdochs Werk, in Schulen wie in Universitäten, ist nicht nur wünschenswert, weil sie die oben beschriebenen aktuellen Grundannahmen und Herangehensweisen in der akademischen Philosophie bereichern und ausbalancieren würde, sondern auch, weil Murdoch jenseits der Universitäten, im Privaten und Gesellschaftlichen, eine wichtige Impulsgeberin sein kann. In *Die Souveränität des Guten* rechnet sie dem Existentialismus hoch an, dass er eine Philosophie ist, nach der man leben kann.[34] Jeder philosophische Ansatz sollte Murdoch zufolge versuchen, Grundsätze, Strategien und Techniken bereitzustellen sowie Orientierung zu bieten und Denkanstöße zu geben, die auch gewöhnlichen Menschen im gewöhnlichen Alltag weiterhelfen können. Murdochs moralischer Grundgedanke des liebenden Sehens ist ein solch alltäglich anwendbarer und zur moralischen Weiterentwicklung ermutigender Ansatz. Liebendes Sehen erfordert, dass wir uns öffnen, vom Egozentrismus befreien und die Welt – Umstände, andere Menschen, Sachlagen – so sehen, wie sie wirklich ist. Liebendes Sehen ist das Gegenteil eines Sehens durch eine rosarote Brille. Was vonnöten ist, in der Politik genauso wie im alltäglichen Miteinander, ist nicht eine Verklärung der Dinge, sondern ein akkurater Blick im Licht des Guten. Weder reiner Pragmatismus, noch gutgemeinte, aber von der Realität losgelöste Ideen bringen uns weiter. Wir müssen die Dinge sehen, wie sie sind, und in ihrer Realität die Linien finden, die zum Besseren führen.

Konkret beziehen kann man diese Gedanken beispielsweise auf den allgegenwärtigen Bereich der sozialen Medien. Algorithmen sorgen für eine Blase, in der wir nur mit den Informationen versorgt werden, nur die Dinge sehen, die wir entweder selbst sehen wollen oder von denen andere wollen, dass wir sie sehen. Unliebsame Bekannte werden unsichtbar gemacht und die Weltnachrichten konsumieren wir auf Kanälen, die unsere Belastung gering halten. Vom Klimawandel sehen wir nur das, was wir mit dem Konsum recycelten Plastiks und der Benutzung von Mehrwegflaschen heroisch beherrschen können. Diese Engführung und die damit einhergehende Verzerrung unserer Sicht auf die Welt sind ethisch höchst bedenklich. Sie fördern eine Bequemlichkeit, ein Sicheinrichten im

34 Vgl. das »Vorwort« von Mary Midgley in diesem Band, S. 7 ff., sowie Antonaccio, *A Philosophy to Live By. Engaging Iris Murdoch.*

Angenehmen, die es nahezu unmöglich machen, die Realität zu sehen und ihr gerecht zu werden. Murdoch führt uns diese Gefährlichkeit von Filtern vor Augen und zeigt auf, wie moralisch essentiell es ist, sich dem Unbehaglichen zu stellen. Andere moralphilosophische Theorien, allen voran Prinzipienethiken wie die Dentologie und der Konsequentialismus, haben es versäumt, die Wichtigkeit unserer Wahrnehmung der Welt in den Mittelpunkt zu rücken, und konzentrieren sich stattdessen auf Entscheidungsmechanismen, die – wenn Murdoch recht hat – in den meisten Fällen überhaupt nicht gebraucht werden. Deontologie und Konsequentialismus können uns zwar darauf hinweisen, dass man andere nicht verletzen darf, dass Hass verboten und Leid vermieden werden sollte, doch fehlen ihnen die Werkzeuge, unseren Blick zu kritisieren und zu kalibrieren.

Ein weiterer Bezugspunkt in unserem Alltag ist die verbreitete ethische Grundhaltung, dass wir moralisch einwandfrei handeln, solange wir niemandem zu nahe kommen. Wir haben ein Recht auf Selbstbestimmung und andere haben das auch. Die Autorität der Kirchen wird geringer, der Glaube an maximale individuelle Freiheit größer: Ich kann sagen, was ich will; ich mache nur, was mir guttut; ich schulde niemandem eine Rechtfertigung. Solidarität und Mitgefühl sind optional geworden – das Einzige, was wirklich eingefordert werden kann, ist, dass man in Ruhe gelassen wird. Murdochs Freiheitsbegriff läuft dem diametral entgegen. Wir sind dann frei, wenn wir uns der Wirklichkeit unterwerfen und ihr gegenüber gehorsam sind. Selbsterkenntnis und die Markierung des eigenen Bereichs sind keine moralischen Errungenschaften und verhindern den so wichtigen Blick weg vom Selbst. Erwähnenswert in diesem Zusammenhang ist auch die scheinbar immer weiterwachsende Industrie der Selbstliebe, die unter anderem einen aus seinem religiösen Kontext herausgerissenen Begriff der Achtsamkeit propagiert und oft nur bewirkt, dass wir noch mehr einzig um uns selbst kreisen. Murdoch führt uns vor Augen, dass Selbstliebe – genauso wie Selbstkasteiung – nichts mit Wahrheit, nichts mit Der-Wirklichkeit-gerecht-Werden, nichts mit Moral zu tun hat.

Was Iris Murdoch in *Die Souveränität des Guten* sichtbar macht, ist der hohe Preis, den wir für unseren Szientismus zahlen: Im Glauben daran, dass nur das wirklich existiert, was die Naturwissenschaften erfassen können, verbannen wir Werte und Tugenden entweder in den Bereich des Esoterischen oder, gängiger noch, in den Bereich des Subjektiven. Moral ist Geschmackssache, Meinungsfreiheit kein Weg zum Diskurs, sondern zu unbegründeter Parteinahme und Beleidigung. Iris Murdoch widerspricht diesem Bild vehement: Wir können nicht nur darüber diskutieren, was besser und schlechter, vertrauenswürdig und unaufrichtig, anständig und gemein ist, wir müssen es sogar. Begriffe und Eigenschaften dieser Art sind weder subjektiv noch esoterisch. Sie gehören zu einem Teil unserer Welt, der der Naturwissenschaft nicht zugänglich ist, sondern einzig unserer ehrlichen, selbstlosen und wohlwollenden Wahrnehmung.

5. Besonderheiten bei der Übersetzung

Wie sicherlich bei jeder Übersetzung gibt es auch bei *Die Souveränität des Guten* mehrere zentrale Ausdrücke, deren Übersetzung sich sehr schwierig gestaltet. Leser:innen, die mit wissenschaftlichem Interesse an das Buch herangehen und mit ihm arbeiten möchten, sei die parallele Konsultierung des Originals wärmstens ans Herz gelegt. Herausheben und besonders kommentieren möchte ich an dieser Stelle sechs Ausdrücke: *Good/goodness*, *vision*, *idea*, *individual*, *self-assertion* und *fantasy*.

Good/goodness: Der zentrale Ausdruck des Werks tritt im Original in vielen Variationen auf: *good*, *»good«*, *Good*, *the good*, *the Good*, *goodness*. Besondere Schwierigkeiten bereiten hier die Worte *goodness* und die kapitalisierte Verwendung von *Good* ohne Artikel. Ich habe *goodness* nahezu durchgängig mit »Güte« übersetzt – ein Wort, das im Deutschen nur noch selten gebraucht wird, und wenn es gebraucht wird, auf ein mildes, fast zu mildes, generelles Wohlmeinen verweist. Bei Murdoch sollte »Güte« etwas anders gelesen werden. Ganz generell scheint »Güte« hier Gutsein zu bedeuten. Wenn »Güte« konkret Menschen zugeschrieben wird, so bezeichnet sie bei Murdoch einen hohen Grad an Tugendhaftigkeit – und wer *zu* milde ist, besitzt einen solchen nicht. Abgewichen von der Übersetzung von *goodness* mit »Güte« bin ich nur in Kontexten, in denen die Positionen G. E. Moores diskutiert werden. Hier schien mir die Übersetzung von *goodness* mit »die Eigenschaft, gut zu sein« angebrachter. Die kapitalisierte Verwendung von *Good* ohne Artikel, die häufig auf den letzten Seiten von »Die Souveränität des Guten über andere Begriffe« vorkommt, lässt verschiedene Übersetzungen zu, beispielsweise »Gutes«, »das Gute«, »Gut«. Ich habe mich primär um der Lesbarkeit willen dafür entschieden, *Good* mit »das Gute« zu übersetzen. Ferner möchte ich erwähnen, dass ich gelegentlich »gut« mit Anführungszeichen versehen habe, die im Original nicht gesetzt sind, um zu verdeutlichen, dass es sich um das Wort oder den Begriff »gut« handelt.

Vision: Eine der Hauptforderungen in »Die Idee der Vollkommenheit« ist, dass nicht Bewegung die zentrale Metapher der Moral und der Moralphilosophie sein sollte, sondern stattdessen *vision*. Im Deutschen hat »Vision« oder »Visionen haben« eine etwas andere Konnotationen als im Englischen. Im Deutschen denken wir hier in erster Linie an jemanden, der faszinierende Zukunftsvorstellungen formuliert, bei denen die pragmatische Umsetzung nicht unbedingt gleich mitgedacht wird, oder an Visionen religiöser Art. Im Englischen kann *vision* aber noch mehr bedeuten: Es kann auf die Zuhilfenahme der Vorstellungskraft beim Versuch, eine Situation oder eine Person zu verstehen, verweisen. Auch kann *vision* schlicht die visuelle Wahrnehmung, das Sehen, bezeichnen. Während »Vision« im Deutschen durchaus auch negative Konnotationen besitzt und gelegentlich mit weltfremder Träumerei gleichgesetzt wird, ist das beim englischen *vision* weit weniger der Fall. Um diese negativen Konnotationen zu vermeiden und die schlichte Hervorhebung des Visuellen, der klaren Sicht auf die Dinge, zu bewahren, habe ich *vision* meist mit »Sehen«, mal mit »Blick«, »Sicht« oder »Sichtweise« übersetzt. Was hierbei etwas verloren geht, ist die imaginative Arbeit, die Murdoch für wichtig hält und die bei *vision* mitschwingt, und zudem die einheitliche Verwendung von etwas, das bei Murdoch ein Terminus technicus zu sein scheint. Leser:innen sollten sich ermutigt fühlen, zur Metapher des Sehens so etwas wie »Sicht auf die Dinge«, »Sichtweise«, »Art, wie wir die Dinge sehen« mitzulesen. Um die Dinge richtig zu sehen, muss man hinschauen – und sie um die richtigen Vorstellungen ergänzen und sie begreiflich machen.

Idea: Murdoch benutzt dieses Wort weit über hundert Mal; es ist wichtig. Es ist leider auch schwer zu übersetzen und philosophisch alles andere als unschuldig. Justin Broackes verweist in seinem noch nicht veröffentlichten Manuskript *Iris Murdoch's Sovereignty of Good: A Philosophical Commentary* auf Kants Vernunftideen, die Murdoch selbst einmal erwähnt. Ideen dieser Art sind ideale Endpunkte, die die menschliche Vernunft vage vorstellt und an denen sie sich orientiert. Die Idee im Titel des ersten Aufsatzes »Die Idee der Vollkommenheit« scheint eine Idee in diesem Sinne zu sein. Oftmals scheint Murdoch *idea* auch nahe am Alltagsgebrauch zu verwenden. In diesen Fällen ist im Deutschen eine Übersetzung mit »Gedanke« oder »Auffassung« treffender. Ferner spricht Murdoch häufig über *notions* und *conceptions*, die wiederum im Deutschen oft am besten als »Ideen« eingefangen werden. Als weitere Verkomplizierung kommt dazu, dass Murdoch sehr von Platon inspiriert ist. Platons Urbilder, bei ihm meist *eidos* oder *idea*, werden im Englischen standardmäßig mit *form* übersetzt, im Deutschen dagegen mit »Idee«. Zusammengenommen bedeutet das, dass in der Übersetzung gelegentlich »Idee« steht, wo im Original nicht *idea* gewählt wurde, und dass im Original gelegentlich *idea* steht, wo im Deutschen nicht »Idee« gewählt wurde. Der besseren Lesbarkeit zuliebe habe ich darauf verzichtet, alle Vorkommen von *idea* zu markieren. Leser:innen mit wissenschaftlichem Interesse sei hier deshalb einmal mehr die Konsultierung des Originals ans Herz gelegt.

Individual: Der Ausdruck kommt in einigen von Murdochs markantesten Aussagen vor, beispielsweise im vielzitierten »Love is knowledge of the individual«. Eine Frage, die sich im englischen Original zumindest auf den ersten Blick nicht stellt, ist, ob *individual* sich auf eine Person bezieht oder allgemeiner auf »Individuelles«, also einzelne konkrete Eigenschaften. Für Letzteres spricht die Tatsache, dass Murdoch die Bedeutung beispielsweise der Malerei so intensiv untersucht. Hierbei hebt sie hervor, dass gute Kunst sich dadurch auszeichnet, dass deren Schöpfer:innen die Wirklichkeit sehen und auf die Leinwand bringen – Farben, Formen, Gegebenheiten, wie sie tatsächlich vorkommen. Dies legt nahe, dass der liebende Blick nicht nur andere Lebewesen in ihrer Individualität betrachtet, sondern die Individualität der Wirklichkeit insgesamt.

Self-assertion: In ihrer Kritik am Existentialismus, der Sprachanalyse und dem Behaviorismus bemängelt Murdoch immer wieder den Fokus auf das Selbst, das allein auf der Basis einer korrekten Einschätzung der Faktenlage und von logisch-rational richtigem Nachdenken Entscheidungen trifft, die ihrerseits Werte in die Welt bringen. Das Selbst bzw. der Wille hat quasi Narrenfreiheit. Murdoch bemängelt diese »existentialistisch-behavioristische« Macht des Selbst und sieht sie als gefährlich und unrealistisch an. Ihre Kritik äußert sich unter anderem in der vielfachen Verwendung des Ausdrucks *self-assertion* bzw. *self-assertive*. Die naheliegende und hier gewählte Übersetzung »Selbstbehauptung« bzw. »selbstbehauptend« fängt diese Kritik insofern ein, als dass die Macht des Selbst und seiner Vorstellungen betont wird. Das Selbst behauptet *(asserts)* Dinge, die es dann auf die Wirklichkeit projiziert und dort sieht, auch wenn sie nicht da sind. Es macht sich die Welt möglichst bequem, blendet Unangenehmes aus und verschönert eigentlich Schlimmes. Was bei der deutschen Übersetzung etwas schwächer anklingt, ist das Element des Sichdurchsetzens, das im Englischen stark mitschwingt. Nicht nur richtet sich das Selbst in der Welt schön ein und verteidigt seinen Platz, es setzt sich auch durch gegen Widrigkeiten wie die Wirklichkeit und die Ansprüche anderer.

Fantasy: Der Unterschied zwischen *fantasy* und *imagination* ist für Murdoch von großer Bedeutung. Im Deutschen ist »Fantasie« allerdings weit weniger negativ besetzt als im Englischen, meist ist sie sogar mit »Vorstellungskraft« und »Imagination« bedeutungsgleich. Der Unterschied, auf den Murdoch abzielt, besteht zwischen der Sicht-verzerrenden Kraft des Egos *(fantasy)* und der Vorstellungskraft, die nötig ist, um uns in andere Menschen und andere Realitäten einzudenken und einzufühlen *(imagination)*. Wenn *fantasy* zur Beschreibung des Vermögens, mittels dessen das Ego unsere Wahrnehmung verzerrt, verwendet wird, habe ich es mit »Einbildung« übersetzt. Wenn die eingebildeten Vorstellungen selbst gemeint sind, habe ich gelegentlich »Fantasterei« gewählt. Ich möchte deshalb hier betonen, dass Einbildung, fantastische Bilder und Fantastereien eng zusammengehören.

Neben diesen schwierigen Ausdrücken war es nicht immer einfach, mit Murdochs unorthodoxer akademischer Arbeitsweise zurechtzukommen. Konkret heißt das, dass Murdoch sehr großzügig mit Anführungszeichen umgeht, aber nur äußerst selten Zitate als solche zu erkennen gibt und noch seltener Quellenangaben macht. Dies hängt vermutlich auch damit zusammen, dass die drei vorliegenden Aufsätze ausgearbeitete Vorträge sind, die vor einem recht breiten Publikum gehalten und zunächst nicht in Fachzeitschriften veröffentlicht wurden. Zu Beginn zitiert Murdoch exzessiv aus Stuart Hampshires *Thought and Action* und der Vorlesung »Disposition and Memory«. Sie erwähnt beide Werke, macht auch vielmehr eine Kapitelangabe, mehr jedoch nicht. Dennoch dürften die Zitate hoffentlich schnell zu lokalisieren sein. Ich habe nur bei offensichtlichen Zitaten, die ganz ohne Quellenangaben sind, die Angabe als Fußnote hinzugefügt.

Eine weitere Herausforderung stellte das einheitliche Gendern dar. Wo immer möglich, habe ich versucht, Geschlechtervielfalt sichtbar zu machen oder neutrale Ausdrücke zu verwenden. Auch wenn Murdoch vor fünfzig Jahren häufig das generische Maskulinum benutzte, z. B. nach »the artist« immer männliche Pronomen verwendete, denke ich, dass es in ihrem Sinne wäre, dies heute anders zu handhaben. Dementsprechend habe ich, der besseren Lesbarkeit willen, aus Singularen gelegentlich Plurale gemacht und die genderneutralen Pronomen der dritten Person Plural benutzt. Bei einigen Fachbegriffen wie Akteur oder auch Beobachter bin ich, wenn auch widerwillig, oft beim generischen Maskulinum verblieben, da hier eine Pluralkonstruktion zu textentstellend gewesen wäre und ein gedoppelter Singular den ohnehin schon dichten Text unnötig verkompliziert hätte. Bei Beispielen, in denen Berufsgruppen im Singular vorkommen, habe ich mich bemüht, das Geschlecht zu variieren.

Hinweisen möchte ich in diesem Zusammenhang noch auf Murdochs spielerischen Umgang mit dem englischen Wort *man*, den ich leider nicht ins Deutsche habe übertragen können. Im Zentrum ihrer Kritik der »existentialistisch-behavioristischen Position« steht das Ideal des rationalen Menschen, »the ideal of the rational man«. Im Englischen kann *man* sowohl »Mann« als auch »Mensch« bedeuten. Heutzutage wird es aus guten Gründen kaum mehr verwendet, wenn über Menschen im Allgemeinen gesprochen wird, und auch Murdoch karikiert die Grundsatzannahme, dass sich Gedanken über den Menschen am Mann orientieren. Besonders deutlich wird dies, wenn sie »man« in Anführungszeichen setzt – der »Mensch«, der eigentlich ein Mann ist und dazu nicht irgendein Mann. Murdoch beschreibt den »idealen Mann« an zwei Stellen als den Helden unzähliger Romane. Justin Broackes verweist hier in seinem Kommentarmanuskript *Iris Murdoch's Sovereignty of Good* auf Murdochs ausführlichere Beschreibung dieser Romane und ihrer Helden im Aufsatz »Existentialists and Mystics«: »Wir kennen diesen Roman und seinen Helden gut. Die Geschichte des einsamen, mutigen Mannes, der nie aufgibt, obwohl er keinerlei Optimismus besitzt, der stolz ist, ohne anmaßend zu sein, stets Betrügereien aufdeckt, dessen Seinsmodus in einer tiefen Gesellschaftskritik besteht. Er ist ein Abenteurer. Er ist gottlos. Er leidet unter keinerlei Schuldbewusstsein. Er hält sich für frei. Er mag Fehler haben, er mag selbstbehauptend sein oder gar gewalttätig, aber er besitzt Aufrichtigkeit und Mut und aus diesem Grund vergeben wir ihm (D. H. Lawrence, E. Hemingway, A. Camus, J.-P. Sartre, K. Amis ...).«[35] Es ist sicher kein Zufall, dass Murdoch diametral entgegengesetzte Beispiele für das Idealbild des moralischen Menschen nennt: »einfache Leute – stille, selbstlose Mütter großer Familien«.

6. Dank

Unermesslichen Dank schulde ich Roman Schelling, der mir mit seiner sehr sorgfältigen Lektüre des Übersetzungsmanuskripts im Abgleich mit dem Original, seinem überaus großen Hintergrundwissen und vielen ausgezeichneten Formulierungsvorschlägen eine unglaublich große Hilfe war. Justin Broackes' Unterstützung in Form der Zurverfügungstellung seines exzellenten Kommentarmanuskripts und vielen ausführlichen, erläuternden und ermutigenden E-Mails war von unschätzbarem Wert. Herzlicher Dank geht zudem an Anja Berninger, Anja Kathrin Hild und Philipp Hölzing für die äußerst hilfreiche Kommentierung des Manuskripts und viele profunde Verbesserungsvorschläge, an Katrin Düringer für grammatikalischen und sprachlichen Support, an Mariëtte Willemsen und Hannah Marije Altorf für das Teilen von Übersetzungserfahrungen mit Murdoch sowie viele wichtige Tipps und Hinweise, an Rachael Wiseman, Clare Mac Cumhaill und Miles Leeson für die allzeitige Zurverfügungstellung ihrer Expertise, an Sabine Döring und ihr Oberseminar sowie Irina Schumski und Melanie Förg für hilfreiche Kommentare und Robin Dennis für seine sprachliche und philosophische Unterstützung.

35 Iris Murdoch, *Existentialists and Mystics*, herausgegeben von Peter Conradi, London 1997, S, 225, meine Übersetzung.

Danksagung

Das Vorwort von Mary Midgley ist eine überarbeitete Version ihres Aufsatzes »Sorting out the Zeitgeist«, erschienen in *The Philosopher*, Band LXXXVI, Nr. 1, 1998.

Namenregister

›Ethik und Moralphilosophie‹ im Suhrkamp Verlag Eine Auswahl

Karl-Otto Apel

- Auseinandersetzungen in Erprobung des transzendentalpragmatischen Ansatzes. 866 Seiten. Gebunden
- Diskurs und Verantwortung. Das Problem des Übergangs zur postkonventionellen Moral. stw 893. 488 Seiten
- Transformation der Philosophie
  Band I: Sprachanalytik, Semiotik, Hermeneutik. stw 164. 378 Seiten
  Band II: Das Apriori der Kommunikationsgemeinschaft. stw 165. 446 Seiten

Reflexion und Verantwortung. Auseinandersetzungen mit Karl-Otto Apel. Herausgegeben von Dietrich Böhler und Matthias Kettner. stw 1618. 448 Seiten

Karl-Otto Apel/Matthias Kettner (Hg.). Zur Anwendung der Diskursethik in Politik, Recht und Wissenschaft. stw 999. 372 Seiten

Seyla Benhabib. Selbst im Kontext. Kommunikative Ethik im Spannungsfeld von Feminismus, Kommunitarismus und Postmoderne. Übersetzt von Isabella König. Gender Studies. es 1725. 340 Seiten

Bioethik. Eine Einführung. Herausgegeben von Klaus Steigleder und Marcus Düwell. stw 1597. 464 Seiten

Gernot Böhme. Ethik im Kontext. Über den Umgang mit ernsten Fragen. es 2025. 240 Seiten

NF 133/1/4.06

Pierre Bourdieu. Die männliche Herrschaft. Übersetzt von Jürgen Bolder. 211 Seiten. Leinen

Hauke Brunkhorst/Wolfgang R. Köhler/Matthias Lutz-Bachmann (Hg.). Recht auf Menschenrechte. Demokratie und internationale Politik. stw 1441. 352 Seiten

Judith Butler. Kritik der ethischen Gewalt. Übersetzt von Reiner Ansén. 144 Seiten. Kartoniert

Wolfgang Edelstein/Gertrud Nunner-Winkler. Moral im sozialen Kontext. stw 1470. 512 Seiten

Martin Endreß (Hg.). Zur Grundlegung einer integrativen Ethik. Für Hans Krämer. stw 1205. 259 Seiten

Philippa Foot. Die Natur des Guten. Übersetzt von Michael Reuter. 162 Seiten. Gebunden

Rainer Forst. Toleranz im Konflikt. Geschichte, Gehalt und Gegenwart eines umstrittenen Begriffs. stw 1682. 808 Seiten

Harry G. Frankfurt. Gründe der Liebe. Übersetzt von Martin Hartmann. 112 Seiten. Kartoniert

Josef Früchtl. Ästhetische Erfahrung und moralisches Urteil. Eine Rehabilitierung. 519 Seiten. Gebunden

Stefan Gosepath. Gleiche Gerechtigkeit. Grundlagen eines liberalen Egalitarismus. stw 1665. 508 Seiten

Günther Grewendorf/Georg Meggle (Hg.). Seminar: Sprache und Ethik. Zur Entwicklung der Metaethik. stw 91. 354 Seiten

NF 133/2/4.06

Jürgen Habermas
- Erläuterungen zur Diskursethik. stw 975. 229 Seiten
- Moralbewußtsein und kommunikatives Handeln. stw 422. 208 Seiten
- Theorie des kommunikativen Handelns. Zwei Bände. Band I: Handlungsrationalität und gesellschaftliche Rationalisierung. Band II: Zur Kritik der funktionalistischen Vernunft. Leinen und stw 1175. Zusammen 1167 Seiten
- Vorstudien und Ergänzungen zur Theorie des kommunikativen Handelns. Leinen und stw 1176. 606 Seiten
- Die Zukunft der menschlichen Natur. Auf dem Wege zur liberalen Eugenik? stw 1744. 164 Seiten

R. M. Hare. Die Sprache der Moral. Übersetzt von Petra von Morstein. stw 412. 243 Seiten

Dieter Henrich. Ethik zum nuklearen Frieden. 322 Seiten. Leinen

Otfried Höffe
- Ethik und Politik. Grundmodelle und -probleme der praktischen Philosophie. stw 266. 489 Seiten
- Medizin ohne Ethik? Standpunkte. es 2245. 272 Seiten
- Moral als Preis der Moderne. Ein Versuch über Wissenschaft, Technik und Umwelt. stw 1046. 312 Seiten
- Strategien der Humanität. Zur Ethik öffentlicher Entscheidungsprozesse. Mit einem neuen Nachwort. stw 540. 373 Seiten

Norbert Hoerster. Sterbehilfe im säkularen Staat. stw 1377. 193 Seiten

Axel Honneth
- Das Andere der Gerechtigkeit. Aufsätze zur praktischen Philosophie. stw 1491. 340 Seiten

NF 133/3/4.06

- Kampf um Anerkennung. Zur moralischen Grammatik sozialer Konflikte. stw 1129. 341 Seiten
- Die zerrissene Welt des Sozialen. Sozialphilosophische Aufsätze. Erweiterte Ausgabe. stw 849. 279 Seiten

Axel Honneth/Nancy Fraser. Umverteilung oder Anerkennung? Eine politisch-philosophische Kontroverse. stw 1460. 320 Seiten

Axel Honneth/Hans Joas (Hg.). Kommunikatives Handeln. Beiträge zu Jürgen Habermas' »Theorie des kommunikativen Handelns«. stw 625. 420 Seiten

Christoph Horn/Nico Scarano (Hg.). Philosophie der Gerechtigkeit. Texte von der Antike bis zur Gegenwart. stw 1563. 512 Seiten

Detlef Horster (Hg.). Weibliche Moral – ein Mythos? stw 1376. 231 Seiten

Vladimir Jankélévitch. Das Verzeihen. Essays zur Moral- und Kulturphilosophie. Herausgegeben von Ralf Konersmann. Übersetzt von Claudia Brede-Konersmann. Mit einem Vorwort von Jürg Altwegg. 292 Seiten. Gebunden. stw 1731. 294 Seiten

Hans Joas. Die Entstehung der Werte. stw 1416. 321 Seiten

Hans Jonas. Das Prinzip Verantwortung. Versuch einer Ethik für die technologische Zivilisation. st 1085. 426 Seiten

Matthias Kettner (Hg.). Angewandte Ethik als Politikum. stw 1458. 416 Seiten

NF 133/4/4.06

Lawrence Kohlberg. Die Psychologie der Moralentwicklung. Herausgegeben von Wolfgang Althof unter Mitarbeit von Gil Noam und Fritz Oser. stw 1232. 564 Seiten

Hans Krämer. Integrative Ethik. stw 1204. 427 Seiten

Angelika Krebs. Arbeit und Liebe. Die philosophischen Grundlagen sozialer Gerechtigkeit. stw 1564. 336 Seiten

Angelika Krebs (Hg.)
- Gleichheit oder Gerechtigkeit? Texte der neuen Egalitarismuskritik. stw 1495. 224 Seiten
- Naturethik. Grundtexte der gegenwärtigen tier- und ökoethischen Diskussion. stw 1262. 402 Seiten

Niklas Luhmann/Stephan H. Pfürtner (Hg.). Theorietechnik und Moral. stw 206. 267 Seiten

Niklas Luhmann/Robert Spaemann. Paradigm lost: Über die ethische Reflexion der Moral. Rede von Niklas Luhmann anläßlich der Verleihung des Hegel-Preises 1989. Laudatio von Robert Spaemann: Niklas Luhmanns Herausforderung der Philosophie. stw 797. 73 Seiten

Alasdair C. MacIntyre. Der Verlust der Tugend. Zur moralischen Krise der Gegenwart. Übersetzt von Wolfgang Riehl. stw 1193. 381 Seiten

John McDowell. Wert und Wirklichkeit. Aufsätze zur Moralphilosophie. Mit einer Einleitung von Axel Honneth und Martin Seel. Übersetzt von Joachim Schulte.
238 Seiten. Gebunden

NF 133/5/4.06

Thomas Rentsch. Die Konstitution der Moralität. Transzendentale Anthropologie und praktische Philosophie. stw 1421. 380 Seiten

Johannes Rohbeck. Technologische Urteilskraft. Zu einer Ethik technischen Handelns. stw 1112. 312 Seiten

Christoph Sachße/H. Tristam Engelhardt (Hg.). Sicherheit und Freiheit. Zur Ethik des Wohlfahrtsstaates. stw 911. 360 Seiten

Moritz Schlick. Fragen der Ethik. Herausgegeben und eingeleitet von Rainer Hegselmann. stw 477. 208 Seiten

Wilhelm Schmid. Auf der Suche nach einer neuen Lebenskunst. Die Frage nach dem Grund und die Neubegründung der Ethik bei Foucault. stw 1487. 466 Seiten

Gerhard Schönrich. Bei Gelegenheit Diskurs. Von den Grenzen der Diskursethik und dem Preis der Letztbegründung. stw 1111. 187 Seiten

Gunter Scholtz. Ethik und Hermeneutik. Schleiermachers Grundlegung der Geisteswissenschaften. stw 1191. 326 Seiten

Oswald Schwemmer. Ethische Untersuchungen. Rückfragen zu einigen Grundbegriffen. stw 599. 221 Seiten

Martin Seel. Versuch über die Form des Glücks. Studien zur Ethik. Gebunden und stw 1445. 365 Seiten

Ludwig Siep. Konkrete Ethik. mannigfaltigkeit, Natürlichkeit, Gerechtigkeit. stw 1664. 384 Seiten

NF 133/7/4.06

Marcus George Singer. Verallgemeinerung in der Ethik. Zur Logik moralischen Argumentierens. Übersetzt von Claudia Langer und Brigitte Wimmer. 420 Seiten. Leinen

Holmer Steinfath. Orientierung am Guten. stw 1531. 496 Seiten

Holmer Steinfath (Hg.). Was ist ein gutes Leben? Philosophische Reflexionen. stw 1323. 260 Seiten

Ernst Tugendhat
- Aufsätze 1992-2000. stw 1535. 272 Seiten
- Ethik und Politik. es 1714. 144 Seiten
- Vorlesungen über Ethik. Gebunden und stw 1100. 399 Seiten

Albrecht Wellmer. Ethik und Dialog. Elemente des moralischen Urteils bei Kant und in der Diskursethik. stw 578. 224 Seiten

Reiner Wimmer. Universalisierung in der Ethik. Analyse, Kritik und Rekonstruktion ethischer Rationalitätsansprüche. 465 Seiten. Leinen

Lutz Wingert. Gemeinsinn und Moral. Grundzüge einer intersubjektivistischen Moralkonzeption. 365 Seiten. Gebunden

Ludwig Wittgenstein. Vortrag über Ethik. Und andere kleine Schriften. Herausgegeben und übersetzt von Joachim Schulte. stw 770. 142 Seiten

Georg Henrik von Wright. Normen, Werte und Handlungen. 259 Seiten. Gebunden

NF 133/8/4.06